Stefan Lippuner

"Ich glaube ..."

Stefan Lippuner

"Ich glaube ..."

Eine Predigtreihe über das Apostolische Glaubensbekenntnis

Fromm Verlag

Impressum / Imprint
Bibliografische Information der Deutschen Nationalbibliothek: Die Deutsche Nationalbibliothek verzeichnet diese Publikation in der Deutschen Nationalbibliografie; detaillierte bibliografische Daten sind im Internet über http://dnb.d-nb.de abrufbar.

Bibliographic information published by the Deutsche Nationalbibliothek: The Deutsche Nationalbibliothek lists this publication in the Deutsche Nationalbibliografie; detailed bibliographic data are available in the Internet at http://dnb.d-nb.de.

Verlag / Publisher:
Fromm Verlag
ist ein Imprint der / is a trademark of
OmniScriptum GmbH & Co. KG
Heinrich-Böcking-Str. 6-8, 66121 Saarbrücken, Deutschland / Germany
Email: info@frommverlag.de

Herstellung: siehe letzte Seite /
Printed at: see last page
ISBN: 978-3-8416-0429-3

Inhaltsverzeichnis

Vorwort

Die Schweiz ist in vielem ein Sonderfall, so auch die Schweizer Evangelisch-reformierten Kirchen im Blick auf ein gemeinsames Bekenntnis. Im Rahmen des Kulturkampfes wurde um die Mitte des 19. Jahrhunderts in einer Kantonalkirche nach der anderen der Bekenntniszwang abgeschafft; die Schweiz galt von nun an – reformierterseits – als "bekenntnisfrei". Weder die Pfarrerschaft noch die Kirchgänger wurden auf ein bestimmtes Glaubensbekenntnis verpflichtet.

Dies war auf der einen Seite ein wichtiger Schritt in die "Freiheit eines Christenmenschen", andererseits führte er relativ rasch dazu, dass die Evangelisch-reformierten Kirchen in der Schweiz nicht mehr nur bekenntnisfrei, sondern recht eigentlich bekenntnislos wurden. Es gab und gibt für die Schweizer Reformierten keine gemeinsame, ausformulierte Glaubensbasis mehr, auf die sich alle abstützen, berufen und festlegen könnten – ein Kuriosum, ein Sonderfall in der weltweiten Kirchengemeinschaft.

Vor gut vier Jahren wurde deshalb vom Schweizerischen Evangelischen Kirchenbund (SEK) ein Prozess angestossen, um diesem unbefriedigenden Zustand abzuhelfen und einen gemeinsamen Bekenntnis-Korpus und, wenn möglich, sogar ein neues, von allen anerkanntes Glaubensbekenntnis zu schaffen. – Dieser Prozess ist bis jetzt allerdings nicht von Erfolg gekrönt worden; die Schweizer Reformierten sind weiterhin bekenntnisfrei bzw. bekenntnislos.

Bereits durch die Vorarbeiten dazu wurde ich selber jedoch dazu angeregt, mich (zusammen mit meiner Gemeinde) mit der Frage des Bekennens verstärkt auseinanderzusetzen und dasjenige Glaubensbekenntnis, das seit frühester Zeit bekannt und von den allermeisten Kirchen anerkannt ist, neu zu entdecken und fruchtbar zu machen: das Apostolikum.

So ist die vorliegende Predigtreihe über das Apostolische Glaubensbekenntnis entstanden: fünfzehn Predigten, die ich in den Jahren 2008 und 2009 in der Kirche Linsebühl in der Stadt St. Gallen (Schweiz) gehalten habe. – Mögen sie auch Ihnen als Leserin, als Leser diesen alten, grundlegenden Bekenntnistext neu nahe bringen.

Pfr. Stefan Lippuner St. Gallen, Ende 2013

Das Apostolische Glaubensbekenntnis (Apostolikum)

Ich glaube an Gott,
den Vater, den Allmächtigen,
den Schöpfer des Himmels und der Erde.

Und an Jesus Christus,
seinen eingeborenen Sohn, unsern Herrn,
empfangen durch den Heiligen Geist,
geboren von der Jungfrau Maria,
gelitten unter Pontius Pilatus,
gekreuzigt, gestorben und begraben,
hinabgestiegen in das Reich des Todes,
am dritten Tage auferstanden von den Toten,
aufgefahren in den Himmel;
er sitzt zur Rechten Gottes, des allmächtigen Vaters;
von dort wird er kommen,
zu richten die Lebenden und die Toten.

Ich glaube an den Heiligen Geist,
die heilige, allgemeine, christliche Kirche,
Gemeinschaft der Heiligen,
Vergebung der Sünden,
Auferstehung der Toten
und das ewige Leben.
Amen.

1. "Ich glaube ..."

Predigt über Hebräer 11,1

(10. August 2008)

Schriftlesungen:

aus Matthäus 8,5-13

Als Jesus nach Kafarnaum kam, trat ein Hauptmann an ihn heran und bat ihn: "Herr, mein Knecht liegt gelähmt im Haus und wird von furchtbaren Schmerzen gepeinigt." Und Jesus sagt zu ihm: "Ich werde kommen und ihn heilen." Da entgegnete der Hauptmann: "Herr, es steht mir nicht zu, dich in mein Haus zu bitten, doch sprich nur ein Wort, und mein Knecht wird gesund. Denn auch ich bin einer, für den Befehle gelten, und ich habe Soldaten unter mir. Sage ich zu einem: «Geh!», so geht er; sage ich zu einem anderen: «Komm!», so kommt er; und sage ich zu meinem Knecht: «Tu das!», so tut er es." Als Jesus das hörte, staunte er und sagte zu denen, die ihm folgten: "Amen, ich sage euch: Solchen Glauben habe ich bei niemandem in Israel gefunden." Und zum Hauptmann sagte er: "Geh! Dir geschehe, wie du geglaubt hast." Und in eben jener Stunde wurde der Knecht gesund.

aus Römer 4,16-21

Gott hat alles auf den Glauben gestellt, damit alles auf Gnade beruht. Auf diese Weise gilt die Zusage unverbrüchlich für alle Nachkommen Abrahams, das heisst: für alle, die wie Abraham der Zusage Gottes glauben. Abraham hatte Gott vor Augen und glaubte ihm, der die Toten lebendig macht und das Nichtseiende ins Dasein ruft. Obwohl nichts mehr zu hoffen war, hielt er an der Hoffnung fest und vertraute darauf, dass Gott ihn zum Vater vieler Völker machen werde. Denn Gott hatte zu ihm gesagt: "Deine Nachkommen werden so zahlreich sein wie die Sterne." – Abraham war fast hundertjährig und wusste genau, dass seine Lebenskraft aufgezehrt und der Mutterschoss Saras erstorben war. Trotzdem wurde er nicht schwach im Glauben und zweifelte nicht an der Zusage Gottes, vielmehr wurde sein Glaube nur umso fester. Er gab Gott die Ehre und war felsenfest davon überzeugt: Was Gott zusagt, das kann er auch tun.

Liebe Gemeinde.
Im vergangenen April besuchte ich eine Weiterbildung mit dem Thema: "Bekennen und Bekenntnis in der reformierten Schweiz". Dabei ist mir neu bewusst geworden, wie wichtig es für eine christliche Kirche ist, ein Bekenntnis, ein Glaubensbekenntnis zu haben. Seit Mitte des 19. Jahrhunderts sind die reformierten Schweizer Kirchen sogenannt 'bekenntnisfrei', das heisst: Es ist kein Glaubensbekenntnis verpflichtend, sondern den Gemeinden und Pfarrern ist es freigestellt, ob sie ein Bekenntnis benutzen wollen oder nicht und welches. Faktisch hat dies an den meisten Orten zu einem Zustand der Bekenntnislosigkeit geführt, etwas, was für die übrigen Kirchen der Welt kaum verständlich ist.
Denn zum Christ-Sein gehören Glauben und Bekennen. Ganz am Anfang des Gottesdienstes habe ich aus dem Römerbrief zitiert: *"Mit dem Herzen glaubt man zur Gerechtigkeit, mit dem Mund bekennt man zur Seligkeit"* [Römer 10,10]. Glauben und diesen Glauben auch aussprechen, bekennen, das gehört ganz grundlegend zum Leben als Christ. Darum finden wir schon in der Bibel kurze, prägnante Texte, die wichtige Glaubensinhalte zusammenfassen. Und im Lauf der Kirchengeschichte entstanden immer wieder Glaubensbekenntnisse (kürzere oder längere), auf die sich eine christliche Kirche gründete und die regelmässig im Gottesdienst gebraucht wurden. Auch heute ist das bei den meisten Kirchen der Fall, ausser eben bei den Schweizer Reformierten.

Das bekannteste, am weitesten verbreitete und anerkannte Glaubensbekenntnis ist das 'Apostolische Glaubensbekenntnis', auch 'Apostolikum' genannt oder 'Credo' (nach dem ersten lateinischen Wort: "Ich glaube"). Von anderen Bekenntnissen unterscheidet es sich nicht nur durch sein hohes Alter (es stammt aus dem 2. Jahrhundert), sondern auch dadurch, dass es sich in jedem Satz unmittelbar auf die Bibel bezieht. Es steht zwar nicht selber so in der Bibel (wie etwa das Unser Vater), aber alle seine Aussagen sind direkt aus der Bibel entnommen.
Durch meine Weiterbildung bin ich dazu animiert worden, diesem Apostolischen Glaubensbekenntnis wieder etwas mehr Gewicht zu geben im Gottesdienst und im kirchlichen Leben. Darum möchte ich heute eine Predigtreihe dazu beginnen. Ich werde in der kommenden Zeit alle Aussagen des Aposto-

likums behandeln, allerdings nicht immer in der richtigen Reihenfolge, da ich auf Festtage und besondere Gottesdienste Rücksicht nehmen will.

Heute befassen wir uns mit den ersten beiden Worten dieses Glaubensbekenntnisses: *"Ich glaube"*. Und wir fragen uns: Was ist überhaupt 'Glaube'? Um was geht es, wenn ich sage: *"Ich glaube"*? – Die nachgerade klassische biblische Definition von Glauben finden wir im Hebräerbrief, Kapitel 11, Vers 1: *"Es ist aber der Glaube eine feste Zuversicht auf das, was man hofft, und ein Nichtzweifeln an dem, was man nicht sieht."* Über diese beiden Aussagen möchte ich mit Ihnen jetzt nachdenken.
Lassen Sie mich dazu eine kleine Geschichte vorlesen: *"In einer Stadt führte ein Seiltänzer in schwindelnder Höhe seine Kunststücke vor. Zum Schluss die Hauptattraktion: Er schiebt eine Schubkarre über das schwankende Seil. Als er sicher auf der anderen Seite angekommen ist, fragt er die Zuschauer, ob sie es ihm zutrauen, die Karre auch wieder zurückzuschieben. Die Menge klatscht begeistert Beifall. Er fragt aber noch ein zweites Mal, und wieder erhält er zustimmenden Beifall. Dann fragt er einen einzelnen, der unten am Mast steht: «Sie, trauen Sie es mir auch zu, dass ich die Karre wieder zurückschiebe?» «Aber sicher!» ruft der zurück und klatscht. «Dann», sagt der Akrobat, «dann kommen Sie doch herauf und steigen Sie ein, dann schiebe ich Sie hinüber!»"*
Würden Sie einsteigen? Es wäre ein Akt des Glaubens. Denn genau das ist Glaube: ganz vertrauen, sich ganz dem anderen anvertrauen. – Im heutigen Sprachgebrauch freilich hat das Wort 'glauben' eine bedenkliche Abwertung erfahren. Man 'glaubt', dass zum Beispiel das Wetter morgen schön wird oder dass die Konjunktur wieder anziehen wird, und drückt damit aus, dass man dies zwar hofft, aber doch recht unsicher ist dabei. Wer heute nur 'glaubt' statt zu wissen, gibt damit zu, seiner Sache nicht so gewiss zu sein.
Doch dieser Gebrauch des Wortes 'glauben' ist verkehrt und wird der wahren Bedeutung überhaupt nicht gerecht. 'Glaube' ist nicht Unsicherheit und mangelndes Wissen, sondern (wie es im Vers aus dem Hebräerbrief heisst): *"Es ist aber der Glaube eine feste Zuversicht"*, eine Gewissheit, könnte man auch sagen, eine höhere Art des Wissens also, ein völliges Überzeugtsein, auch ohne sichere Beweise. – Es ist wie bei zwei Liebenden: Wenn sie zueinander sagen: "Ich glaube dir", dann ist das der Ausdruck eines tiefen Vertrauens,

und es wäre absurd, wenn der eine vom anderen verlangen würde, zuerst sichere, gar wissenschaftliche Beweise seiner Liebe und Treue zu erbringen; das würde das Vertrauen und die Beziehung sofort zerstören.
Im Glauben verlässt sich ein Mensch auf etwas, das er weder zu berechnen vermag noch sicher in der Hand hält. Immer glaubt man auf Vertrauen hin, ins Ungesicherte, Unbeweisbare. Das ist immer so, wo es um Beziehungen geht. Auch der Glaube an Gott ist da nicht anders: 'Glauben' im richtigen Sinn heisst darum: vertrauen, auf Gott und seine Liebe zu uns vertrauen und sich diesem Gott ganz, mit allem, was das Leben ausmacht, anvertrauen. 'Glauben' ist so viel mehr als einfach dogmatische Lehraussagen zu wissen.
Und dieses Vertrauen führt zu einer starken Gewissheit, zu einer festen Zuversicht Gott gegenüber. Das sehen wir schön in der Geschichte vom Hauptmann in Kafarnaum, die wir in der Lesung gehört haben. Jesus staunte ja am Schluss über diesen Glauben, der ihm da entgegenkam. Der Hauptmann brachte nicht irgendwelche religiösen Formeln oder Katechismus-Sätze vor, sondern zeigte ein uneingeschränktes Vertrauen Jesus gegenüber. Er war von der festen Zuversicht erfüllt, dass Jesus die Autorität hatte, um seinen Knecht zu heilen, um der Krankheit zu befehlen, dass sie weichen müsse; dessen war er sich völlig gewiss. *"Sprich nur ein Wort, und mein Knecht wird gesund."* – *"Es ist aber der Glaube eine feste Zuversicht auf das, was man hofft"*; eine Gewissheit, die sich auch von den Umständen nicht irre machen lässt, und seien diese Umstände noch so widerstrebend.

Der Glaube ist auch *"ein Nichtzweifeln an dem, was man nicht sieht."* Das ist die zweite Aussage im Vers aus dem Hebräerbrief. Und auch in dieser Hinsicht hat das Wort 'glauben' im heutigen Sprachgebrauch einen verkehrten Sinn erhalten. Viele Menschen sagen: "Ich glaube nur, was ich sehe", und meinen damit, dass sie nur das annehmen und als existent betrachten, was sie sehen (oder auch hören, tasten, fühlen, messen) können – wobei (dies nur in Klammern gesagt) auch solche modernen Menschen dann doch wieder vieles als selbstverständlich annehmen, was sie nie mit eigenen Augen gesehen haben oder sehen können.
Der wahre Glaube aber lässt sich nicht vom Sehen bestimmen. Denn wenn man etwas nicht sieht, heisst das noch lange nicht, dass es nicht existent ist. Menschen zweifeln an Gott, weil sie ihn nicht sehen, und trotzdem ist er da. –

Jemand hat einmal versucht, dies folgendermassen zu erklären: Wir alle hören Radio oder schauen Fernsehen, und wir wundern uns gar nicht mehr darüber, wie es möglich ist, dass wir etwas hören oder sehen können, was an einem anderen, weit entfernten Ort gesagt wird oder geschieht. Aber überlegen wir einmal: Wo sind eigentlich alle diese Töne und Bilder, wenn wir unser Radio- oder Fernsehgerät ausgeschaltet haben? Sind sie dann einfach nicht mehr da, weil wir sie nicht sehen und nicht spüren? Nein, wir alle wissen, dass sie trotzdem da sind: in Form von elektromagnetischen Wellen sind diese Töne und Bilder immer da, in der Luft um uns herum, überall, auch gerade jetzt hier in dieser Kirche. Wir sehen sie nicht, wir hören sie nicht, wir spüren sie nicht, weil wir keine Antennen am Kopf haben. Aber mit den geeigneten Geräten könnten wir sie jederzeit hör- und sichtbar machen.
Der Glaube ist *"ein Nichtzweifeln an dem, was man nicht sieht."* Wenn ich glaube, dann zweifle ich nicht an der Existenz und an der Gegenwart Gottes, auch wenn ich ihn nicht sehen kann. Und ich zweifle auch nicht an dem, was er mir zugesagt und für mich geplant hat, selbst wenn ich es ebenfalls nicht (oder noch nicht) sehen kann.
Hier möchte ich auf Abraham verweisen, von dem wir ebenfalls in der Lesung gehört haben. Abraham hatte die Zusage von Gott, dass er Nachkommen haben und der Stammvater eines grossen Volkes sein würde. Doch von all dem war überhaupt nichts sichtbar. Sehen konnte Abraham nur seinen alten, kraftlosen Leib und denjenigen seiner Frau Sara und damit die Unmöglichkeit, ein Kind zu bekommen. Trotzdem hielt er an der Zusage Gottes fest und glaubte Gott, vertraute Gott, dass es geschehen würde, auch wenn er jetzt noch nichts davon sehen konnte.

"Es ist aber der Glaube eine feste Zuversicht auf das, was man hofft, und ein Nichtzweifeln an dem, was man nicht sieht." Ich weiss (aus eigener Erfahrung), dass das längst nicht immer so einfach ist, wie es tönt. Vermutlich ist unser eigenes Vertrauen auf Gott nicht immer so fest und gewiss, und wir sind nicht immer so überzeugt davon, dass Gott uns etwas gibt oder etwas für uns tut. Vermutlich kennen auch wir immer wieder einmal Zweifel und fragen uns, ob Gott wirklich da ist, uns liebt, für uns sorgt usw. – Ja, wir sind manchmal schwache Menschen. Aber ich möchte uns alle ermutigen, aus solchem Unglauben und Kleinglauben herauszutreten und immer wieder neu

Glauben zu lernen, im Glauben zu leben und so eine feste Zuversicht und Gewissheit zu haben, dass Gott für uns da ist und dass ihm alle Dinge möglich sind.

Glauben heisst vertrauen, ganz auf Gott vertrauen. Zuerst und grundlegend geht es um diese Haltung und nicht um das Anerkennen von bestimmten Lehrsätzen. Trotzdem hat auch dieser Glaube, dieses Vertrauen einen Inhalt; es kommt sehr wohl darauf an, an wen wir glauben, auf welchen Gott wir vertrauen. Darum braucht es dann doch auch dogmatische Aussagen, Bekenntnissätze, um die Grundlage zu beschreiben, zu definieren, auf der unser Vertrauen aufgebaut sein kann. – Das Apostolische Glaubensbekenntnis ist ein solcher weit herum anerkannter Versuch, unseren Glauben inhaltlich zur Sprache zu bringen und auszudrücken, worauf unsere feste Zuversicht stehen soll und woran wir nicht zweifeln wollen.

Darum werde ich also in nächster Zeit diesen Inhalt versuchen zu erklären und auszulegen. Und darum werden wir dabei immer wieder alle miteinander dieses Apostolische Glaubensbekenntnis sprechen und so (auch wenn wir vielleicht noch manche Unklarheiten und Fragen in Bezug auf die einzelnen Sätze haben mögen) unseren Glauben laut ausdrücken. Denn mit dem Herzen glauben wir zur Gerechtigkeit, mit dem Mund bekennen wir zur Seligkeit.

A M E N

2. Gott, der Vater

Predigt über 1. Johannes 3,1

(17. August 2008)

Schriftlesung: Matthäus 7,7-11

Bittet, so wird euch gegeben; sucht, so werdet ihr finden; klopft an, so wird euch aufgetan. Denn wer bittet, empfängt; wer sucht, der findet; wer anklopft, dem wird aufgetan.
Wer unter euch gäbe seinem Sohn, wenn er ihn um Brot bittet, einen Stein, und wenn er ihn um einen Fisch bittet, eine Schlange?
Wenn also ihr, die ihr böse seid, euren Kindern gute Gaben zu geben wisst, wie viel mehr wird euer Vater im Himmel denen, die ihn bitten, Gutes geben.

Im 1. Johannesbrief, Kapitel 3, Vers 1 steht: *"Seht, was für eine Liebe uns der Vater geschenkt hat, dass wir Kinder Gottes heissen sollen; und wir sind es."*

Liebe Gemeinde.
Ein Vater war mit seinem kleinen Sohn unterwegs. Da kletterte der Knabe auf eine Mauer am Wegrand und wollte (wie das Kinder so machen) oben auf der Mauer weitergehen. Am Ende angelangt, konnte er aber nicht mehr herunter. Der Vater stand unten an der Mauer und sagte zu seinem Sohn: "Komm, spring! Ich fange dich auf." Nach längerem Zögern sprang der Knabe. Da machte der Vater einen Schritt zur Seite, liess das Kind neben sich auf den Boden fallen und sagte zu ihm: "Das soll dich lehren, nie jemandem zu vertrauen."
Verrückt, nicht wahr? Ein solcher Mensch ist doch kein Vater! Davon sprach auch Jesus (wir haben es gehört): "Wo ist unter euch ein Vater, der seinem Sohn einen Stein statt einem Brot gäbe", also ihm bewusst etwas Schädliches, Schlechtes zukommen lassen würde? Und wo so etwas unter uns Menschen leider doch vorkommt, kann man nicht mehr wirklich von einem Vater sprechen. Zum Wesen eines Vaters gehört es, dass er für seine Kinder sorgt, dass er ihnen hilft, sie anleitet, sie auch beschützt und es wirklich gut meint mit ihnen. Solches darf ein Kind von seinem Vater erwarten.

Und ein Vater in diesem Sinn, ja in noch viel vollkommener Art und Weise ist nun auch unser Gott. *"Ich glaube an Gott, den Vater"*, ist die erste inhaltliche Aussage im Apostolischen Glaubensbekenntnis. – Wahrscheinlich ist uns gar nicht so bewusst, wie ungewöhnlich, ja ungeheuerlich diese Aussage ist: "Gott ist ein Vater". In anderen Völkern und Religionen wird in der Regel von einem Gott anders gesprochen: Er ist ein König, ein Krieger, ein strenger Richter, ein launischer Herrscher und Ähnliches. Teilweise gelten solche Aussagen selbstverständlich auch von unserem Gott der Bibel. Doch über allen diesen Beschreibungen des Wesens Gottes steht die einmalige Aussage: Gott ist der Vater.
Zuerst ist er natürlich der Vater von Jesus Christus; aber dann – und das ist das Aussergewöhnliche – ist Gott auch unser Vater, der Vater im Himmel für alle, die an ihn glauben, die sich ihm anvertrauen. Wir dürfen Kinder Gottes genannt werden, wie es im Vers aus dem 1. Johannesbrief heisst; wir sind Töchter und Söhne Gottes, des Vaters. Ist das nicht wunderbar?

Allerdings gibt es dabei auch eine problematische Seite: Wenn wir von Gott als dem Vater reden, wenn wir uns Gott als Vater vor Augen halten, dann ist es ganz natürlich, dass in uns drin, in unserem Bewusstsein, vor allem aber in unserem Unterbewussten Erinnerungen an unseren irdischen, leiblichen Vater auftauchen. Schon der Psychologe Sigmund Freud hat festgestellt, dass unsere Vorstellung von Gott, unser Gottesbild stark geprägt ist von den Erfahrungen, die wir mit unserem eigenen leiblichen Vater gemacht haben.
Ein Beispiel: Ich habe von einer Frau gehört, die beim Beten immer das unbestimmte Gefühl hatte, Gott verstecke sich hinter einer Zeitung und höre ihr gar nicht recht zu; bis sie einmal realisierte: Genau so verhielt sich ihr Vater ihr gegenüber. – Oder eine andere Frau hat erzählt, dass sie jeweils am Wochenende eine wunderbare Beziehung zu Gott haben konnte, aber unter der Woche fühlte sie sich ihm eher fern. Und auch sie stellte fest: Wie bei ihrem Vater; der war nämlich Handelsreisender und immer nur am Wochenende zu Hause.
Zwei Beispiele, die vielleicht fast etwas zum Schmunzeln sind. Aber auf solche und ähnliche Art und Weise übertragen wir alle unbewusst Erfahrungen, die wir mit unserem leiblichen Vater gemacht haben, auf Gott, den Vater. Wer seinen irdischen Vater als guten Vater erfahren hat, der hat auch wenig Mü-

he, sich Gott als gütig und barmherzig vorzustellen. Wer dagegen einen strengen, unnahbaren oder sogar tyrannischen Vater gehabt hat oder wem der Vater gefehlt hat (aus welchem Grund auch immer), der hat meist auch eine entsprechend geprägte Vorstellung von Gott.
Dieser Zusammenhang von Vater-Erfahrung und Gottesbild ist eine sehr interessante psychologische und seelsorgerliche Erkenntnis, die viel beiträgt zum Verstehen, warum wer welche Gottesbeziehung hat. Vielleicht erkennen auch Sie selbst entsprechende Zusammenhänge in Ihrem eigenen Glaubensleben. Zugleich wird auch deutlich, was für eine Verantwortung Väter für die religiöse Entwicklung ihrer Kinder haben. Natürlich spielen auch noch andere Faktoren eine Rolle; aber fürs Gottesbild und die Gotteserfahrung eines Menschen ist doch der Vater von entscheidender Bedeutung.
Zu unserem Trost dürfen wir aber wissen: Die Prägung unserer Gottesvorstellung durch die Erfahrungen mit unserem Vater ist zwar eine Tatsache, aber kein unabänderliches Schicksal. Selbst wer eine schlechte Vaterbeziehung gehabt hat, kann an diesem Punkt innere Heilung bekommen und zu einer guten Gottesbeziehung finden. Aber auch wer einen guten Vater hatte, braucht solche innere Heilung, denn kein menschlicher Vater ist perfekt. Wir alle tragen irgendwelche seelische "Knäckse" aus der Kindheit mit uns herum. Darum müssen unsere Vaterbilder geheilt werden und können geheilt werden (das ist die Verheissung), damit wir Gott wirklich als guten und vollkommenen Vater sehen und erfahren können.

Denn das ist er wirklich, unser Gott: ein Vater voller Liebe; das gehört ganz grundlegend zum Wesen Gottes. *"Seht, was für eine Liebe uns der Vater geschenkt hat, dass wir Kinder Gottes heissen sollen; und wir sind es."* Jesus selber hat uns gelehrt, dass wir Gott mit "Vater" anreden dürfen: *"Unser Vater im Himmel"* [Matthäus 6,9], wir beten es in jedem Gottesdienst. Und mit dieser Anrede Gottes als unserem Vater zeigt sich auch, welche Art der Beziehung wir zu Gott haben dürfen: eine ganz nahe, eine direkt intime Beziehung, eben eine Kindesbeziehung.
Sicher dürfen wir nicht vergessen, dass unser Gott auch heilig ist, majestätisch und ehrfurchtgebietend; er wird im Apostolischen Glaubensbekenntnis ja auch der 'Allmächtige' genannt. Aber wenn wir seine Kinder sind und nicht seine Knechte, dann soll die nahe, intime, kindliche Vertrauensbeziehung im

Vordergrund stehen; dann dürfen wir mit allem, was unser Leben ausmacht, mit unseren Freuden und Nöten, mit unseren Wünschen und Bedürfnissen, mit allem dürfen wir zu unserem himmlischen Vater kommen, uns bei ihm bergen und darauf vertrauen, dass unsere Bitten bei ihm nicht auf taube Ohren stossen (auch das ist uns ja durch die Worte Jesu verheissen).
Und durch diese Erkenntnis und Erfahrung Gottes als unserem Vater im Himmel wird uns dann diese Vaterschaft Gottes auch zur Grundlage und zum Vorbild für unser menschliches Vater-Sein (natürlich nur für diejenigen, die auch tatsächlich in dieser Situation sind). Bei unserem Gott sehen wir, wie ein guter Vater ist, was einen Vater ausmacht. Und in der Beziehung, in der Gemeinschaft mit diesem väterlichen Gott werden wir dazu befähigt und gestärkt, selber wirklich Vaterschaft zu leben.

Eine wichtige Bemerkung zu unserer Gotteskindschaft möchte ich zum Schluss noch machen: Im Vers aus dem 1. Johannesbrief heisst es zwar, dass wir Kinder Gottes sind; doch wir sind es nicht einfach automatisch und selbstverständlich von unserer Natur her. Manchmal hört man ja den Satz: "Alle Menschen sind Kinder Gottes, ganz gleich, wo sie leben, was sie tun, was sie glauben." Biblisch gesehen stimmt das so nicht. Rein von unserem Menschsein her ist Gott unser Schöpfer, nicht unser Vater. Jeder Mensch <u>ist</u>, von Anfang an, von Geburt an, von seiner Natur aus, ein <u>Geschöpf</u> Gottes und als solches von Gott sehr geliebt. Doch zu einem <u>Kind</u> Gottes <u>wird</u> man.
Gott wird zu unserem Vater erst durch Jesus Christus. Dadurch, dass Gott seinen einzigen wahren Sohn, Jesus Christus, in die Welt gesandt hat und für die Schuld der Menschheit hingegeben hat, erst dadurch ist für uns Menschen die Möglichkeit geschaffen worden, auch Kinder Gottes zu werden, als Söhne und Töchter von Gott gewissermassen adoptiert zu werden. Im Johannes-Evangelium steht: *"So viele Jesus aufnehmen, denen gibt er Anrecht darauf, Kinder Gottes zu werden, denen, die an seinen Namen glauben."* [Johannes 1,12]
Unseren leiblichen Vater konnten wir uns nicht aussuchen. Aber ob Gott unser himmlischer Vater sein soll, das können und müssen wir sehr wohl selber bestimmen. Ein Kind Gottes ist man nicht einfach automatisch, auch nicht dadurch, dass man einmal als Säugling getauft worden ist; es braucht eine Entscheidung dazu. Gott ist nur in dem Mass unser Vater, in dem wir ihn

auch als Vater akzeptieren und in unserem Leben zum Zug kommen lassen. Durch den <u>Glauben</u> also ist Gott unser Vater und sind wir seine Söhne und Töchter. Das ist eine ganz wichtige Erkenntnis.

Damit sind wir wieder beim Glaubensbekenntnis und bei dem, was ich am letzten Sonntag über Glauben gesagt habe, dass nämlich 'glauben' zuerst und grundlegend 'vertrauen' heisst, sich ganz Gott, dem himmlischen Vater 'anvertrauen'. Erst dadurch (aber dadurch wirklich!) dürfen wir Kinder Gottes sein, ist Gott unser vollkommener Vater und dürfen wir seine unendliche Liebe und seinen grossen Segen in unserem Leben erfahren – wenn wir von ganzem Herzen bekennen können: *"Ich glaube an Gott, den Vater"*.

A M E N

<u>Gebet</u> (von Charles de Foucauld)

Mein Vater,
ich überlasse mich dir.
Mach mit mir, was du willst.
Was du auch mit mir tun magst, ich danke dir.
Zu allem bin ich bereit, alles nehme ich an.
Wenn nur dein Wille sich an mir erfüllt
und an allen deinen Geschöpfen,
so ersehne ich weiter nichts, mein Gott.
In deine Hände lege ich meine Seele;
ich gebe sie dir, mein Gott,
mit der ganzen Liebe meines Herzens,
weil ich dich liebe,
und weil diese Liebe mich treibt,
mich dir hinzugeben,
mich in deine Hände zu legen, ohne Mass,
mit einem grenzenlosen Vertrauen;
denn du bist mein Vater.
Amen.

3. Gott, der allmächtige Schöpfer

Predigt zu Erntedank über 1. Mose 1,1

(28. September 2008)

<u>Gebet</u> mit Worten aus Psalm 104

*Ich will den Herrn von ganzem Herzen loben.
Herr, mein Gott, wie gross bist du!
Du spanntest den Himmel aus wie ein Zeltdach.
Die Erde hast du auf ein festes Fundament gegründet.
Die Berge hoben sich, und die Täler senkten sich.
Dem Wasser hast du eine Grenze gesetzt.
Du lässt Quellen sprudeln und als Bäche in die Täler fliessen;
zwischen den Bergen finden sie ihren Weg.
Die Tiere der Steppe trinken davon.
An ihren Ufern nisten die Vögel und singen ihre Lieder.
Vom Himmel lässt du Regen auf die Berge niedergehen;
die Erde saugt ihn auf und wird fruchtbar.
Du lässt Gras wachsen für das Vieh
und Pflanzen, die der Mensch für sich anbaut,
damit die Erde ihm Nahrung gibt.
Alle deine Geschöpfe warten auf dich,
dass du ihnen zu essen gibst zur rechten Zeit.
Sie nehmen, was du ihnen austeilst;
du öffnest deine Hand, und sie alle werden satt.
O Herr, welch unermessliche Vielfalt zeigen deine Werke!
Sie alle sind Zeugen deiner Weisheit.
Für immer bleibe die Herrlichkeit des Schöpfers sichtbar!
Der Herr freue sich an dem, was er geschaffen hat!
Ich will dem Herrn singen mein Leben lang;
meinen Gott will ich preisen solange ich bin.
Amen.*

<u>Schriftlesung</u>: Psalm 148,1-13

*Hallelujah. Lobt den Herrn vom Himmel her, lobt ihn in den Höhen.
Lobt ihn, alle seine Boten, lobt ihn, alle seine Heerscharen.
Lobt ihn, Sonne und Mond, lobt ihn, all ihr leuchtenden Sterne.
Lobt ihn, ihr Himmel der Himmel und ihr Wasser über dem Himmel.
Sie sollen loben den Namen des Herrn,*

denn er gebot, und sie wurden geschaffen.
Er setzte sie für immer und ewig, er gab eine Ordnung,
und niemand darf sie verletzen.
Lobt den Herrn von der Erde her, ihr Ungeheuer und alle Fluten.
Feuer und Hagel, Schnee und Nebel, du Sturmwind, der sein Wort vollzieht,
ihr Berge und all ihr Hügel, ihr Fruchtbäume und alle Zedern,
ihr wilden Tiere und alles Vieh, Kriechtiere und gefiederte Vögel.
Ihr Könige der Erde und all ihr Nationen,
ihr Fürsten und alle Richter der Erde,
ihr jungen Männer und auch ihr jungen Frauen, ihr Alten und Jungen.
Sie sollen loben den Namen des Herrn, denn sein Name allein ist erhaben,
seine Hoheit über Erde und Himmel.

Liebe Gemeinde.
Kennen Sie den: Hansli kommt nach der Schule nachhause und erzählt, heute habe er im Religionsunterricht gehört, dass Gott eine Kelle sei. "Eine Kelle?", fragt die Mutter erstaunt zurück. "Hast du das richtig verstanden?" – "Ja, der Pfarrer hat gesagt, Gott sei eine Kelle; er habe alles gemacht." Da geht der Mutter ein Licht auf: "Sicher hat er gesagt: Gott ist der Schöpfer." – "Ja, richtig, ein Schöpfer. Aber ich wusste noch, dass es etwas aus der Küche ist."
Kindermund! Aber ganz so daneben auch wieder nicht. In der Küche wird sehr wohl kreativ, schöpferisch gearbeitet, wenigstens dort, wo nicht nur Fertig-Food aufgewärmt wird. Doch der Vergleich hinkt natürlich auch sehr. In der Küche wird aus Dingen, die vorhanden sind, etwas Neues kreiert; aus Rohstoffen, die uns letztlich von Gott gegeben werden, für die wir bewusst Gott danken wollen und deshalb Erntedank feiern. – Gott dagegen erschafft Neues aus dem Nichts. Vor allem aber ist er der Schöpfer auf einem ganz anderen Niveau, wo es um viel mehr geht als um die Zubereitung einer Mahlzeit und die Kreation eines Menüs: *"Am Anfang schuf Gott den Himmel und die Erde"*, heisst es im allerersten Satz der Bibel [1. Mose 1,1]. Und im Apostolischen Glaubensbekenntnis sprechen wir: *"Ich glaube an Gott, den Allmächtigen, den Schöpfer des Himmels und der Erde."*

Gott ist der Schöpfer der ganzen Welt; Erde und Himmel, die sichtbare wie die unsichtbare Welt sind Gottes Schöpfung. – Es ist dies eine der umstrittenen Aussagen des Apostolikums heute. Sie haben wahrscheinlich gehört vom Streit in Amerika zwischen den Kreationisten und den Evolutionisten in der Frage, welche Theorie der Weltentstehung in der Schule gelehrt werden soll; eine Auseinandersetzung, die durchaus auch in der Schweiz stattfindet, wenn auch nicht in einer solchen Breite und Intensität. Ich möchte darum im Blick auf die Aussage des Apostolischen Glaubensbekenntnisses etwas näher auf diese Thematik eingehen.

Über viele Jahrhunderte war allen Leuten völlig klar: Die Welt ist von Gott erschaffen worden; er hat sie geplant, er hat sie gemacht, so wie es in den ersten beiden Kapiteln der Bibel beschrieben wird (Sie kennen die Geschichte, wie Gott in sechs Tagen alle Elemente und Lebewesen ins Dasein rief und am siebten Tag ruhte, wie er Adam erschuf und dann Eva aus seiner Rippe bildete).

Immer wieder begegnet uns auch in weiteren biblischen Texten diese Sicht, dass die Welt von Gott planvoll und wundervoll erschaffen, gebildet und geordnet wurde, so zum Beispiel im Psalm 148, den ich gelesen habe, oder im Psalm 104, den wir miteinander gebetet haben. – Diese Überzeugung haben nun auch heute viele bibeltreue Christen, wobei sie (mindestens zum Teil) die Bibel ganz wörtlich nehmen: Gott hat die ganze Welt in sechs Tagen von 24 Stunden erschaffen und das vor knapp 6000 Jahren (auf diese Zahl kommt man, wenn man alle Jahresangaben der Bibel zurückrechnet). Das sind die sog. Kreationisten.

Sehr viele Menschen heutzutage haben aber eine ganz andere Ansicht; Sie kennen diese selbstverständlich auch. Die heute in der westlichen Welt allgemein verbreitete Vorstellung über den Ursprung und die Entstehung der Welt hat ihren Anfang in der Aufklärung, vor gut 400 Jahren. Der Mensch, der nun die Vernunft, das Denken als Zentrum seines Wesens betrachtete (*"Ich denke, also bin ich"*, definierte sich René Descartes, einer der ersten Aufklärer), dieser vernunftbestimmte Mensch löste sich damals von der Kirche und ihren Ansprüchen und so auch immer mehr vom Glauben und natürlich auch von Gott.

Deshalb musste man den Ursprung und die Entstehung der Welt dann anders zu erklären versuchen als von Gott her, von einem göttlichen Schöpfer her. Ich will es kurz machen, da dies ja heutzutage Allgemeingut ist: Vor 150 Jahren veröffentlichte Charles Darwin seine Theorie über die Entstehung der Arten, die Evolutionstheorie, die besagt, dass sich die verschiedenen Arten

von Lebewesen über einen sehr langen Zeitraum aus einfacheren Arten heraus entwickelt haben, und zwar durch zufällige Mutationen und nach Prinzip des Überlebens des Fittesten.
Etwas später setzte sich dann in der Naturwissenschaft und in der breiten Bevölkerung auch noch die Ansicht durch, dass ganz am Anfang der Weltentstehung der sog. Urknall stand. – Das die Überzeugung der Evolutionisten.
Seit kurzem gibt es noch eine dritte Position, die vermittelnd wirken will: Es ist dies die Vorstellung von einem sog. 'Intelligent Designer'. Die Vertreter dieser Richtung wollen die biblische Sicht und vor allem die Existenz und das Wirken Gottes nicht aus ihrem Weltbild ausklammern; aber sie haben auch Mühe mit dem engen Kreationismus. So sagen sie, dass die Lebewesen sich tatsächlich über einen langen Zeitraum entwickelt haben und dass am Anfang der Welt durchaus ein Urknall stehen könnte, dass das alles aber nicht einfach durch Zufall und rein innerweltlich geschehen konnte, sondern dass dahinter ein intelligentes Wesen, ein Gestalter, eben ein 'Intelligent Designer' stehen muss. Dieser (der bewusst nicht direkt 'Gott' genannt wird) war vor allem Anfang, er hat gewissermassen das Material für den Urknall zur Verfügung gestellt und er hat die ganze Entwicklung der Welt und des Lebens mit Gesetzmässigkeiten geordnet und gelenkt.

Dies sind die verschiedenen Theorien bezüglich des Ursprungs der Welt (wobei ich sie natürlich recht vereinfacht zusammengefasst habe), Theorien, die teilweise in einem erbitterten Streit miteinander liegen. Wo nun sollen wir uns positionieren? Wo positioniere ich mich? – Ich muss zugeben, dass ich mich immer noch recht schwer tue mit dieser Sache. Als naturwissenschaftlich interessierter Mensch will ich der Evolutionslehre nicht einfach jegliche Erkenntnis absprechen; sie enthält manche sinnvollen Aussagen. Ich sehe aber auch klar, dass sie kein gesichertes Wissen, sondern nur eine Theorie ist und dass auch sie eine Art Glauben braucht. Denn dass sich so komplexe Lebewesen, wie zum Beispiel wir Menschen, durch unzählige rein zufällige Mutationen aus Einzellern entwickelt haben sollen, dafür ist nur schon die Wahrscheinlichkeit praktisch gleich Null, und es braucht wirklich einen sehr grossen Glauben für diese Ansicht.
Als Christ, der an Gott glaubt und der die Bibel ernst nehmen möchte, ist es

für mich sowieso völlig unmöglich, Gott und das Wirken Gottes aus meinem Weltbild auszuklammern. Ich bin überzeugt: Gott steht am Ursprung der Welt; er ist der Schöpfer von Himmel und Erde. Aber bei den Aussagen zum genauen Wie dieser Schöpfung habe ich dann doch einige Fragezeichen: Ist es wirklich vorstellbar, dass sie vor nur 6000 Jahren in sechs mal 24 Stunden geschah? Kann man die Bibel als naturwissenschaftliches Lehrbuch betrachten und in dieser Hinsicht so wörtlich nehmen? – Die Theorie vom 'Intelligent Designer' wäre sicher eine hilfreiche Antwort auf solche Fragen, aber sie ist für mich doch etwas gar dürftig. Gott wird darin eine etwas zu unbedeutende Rolle zugewiesen, indem er die ganze Entwicklung nur geplant und angestossen habe, aber dann eigentlich von der Bildfläche verschwunden sei.
Sie sehen, ich bin noch von einigen Unsicherheiten geprägt, und vielleicht geht es Ihnen ja ganz ähnlich. Doch trotz diesen Fragenzeichen und Unklarheiten, was die Details des Wie, Wann und Wie lange betrifft, will ich aus Überzeugung am Grundsätzlichen festhalten: Unsere Welt ist nicht durch Zufall entstanden und geworden, sondern sie ist durch Gott geschaffen worden.
"Ich glaube an Gott, den Schöpfer des Himmels und der Erde."

Dieser Glaube an Gott als den Schöpfer hat nun durchaus sehr praktische Folgen für meine, für unsere Einstellung gegenüber der Welt. Wenn ich die Welt und die Lebewesen nicht einfach mechanistisch betrachte als Anhäufung von Elementen und Zellen, die nach den Naturgesetzen und den Prinzipien der Evolution entstanden sind, bestehen und auch wieder vergehen werden, sondern wenn ich sie als Schöpfung Gottes sehe, als von Gott liebevoll und wunderbar geschaffen, dann bekomme ich eine ganz andere Einstellung gegenüber dieser Welt und dem Leben darauf. Ich kann dann nicht mehr einfach damit machen, was ich will, sondern ich werde der Schöpfung Sorge tragen, denn sie hat eine eigene grosse Würde, die ich respektieren will.
Der Glaube an Gott als den Schöpfer macht mich auch dankbar ihm gegenüber. Es wird mir bewusst, dass all das, was ich für mein Leben aus dieser Welt beziehe (Nahrung, Kleidung, Wohnung etc.), mir letztlich von Gott gegeben ist, denn er hat es erschaffen, er hat es mir zur Verfügung gestellt. Und er schafft immer wieder neu, indem er Pflanzen und Tiere wachsen lässt und Frucht bringen lässt. So kann ich von Herzen Schöpfungspsalmen wie die beiden von heute beten; und ich kann Erntedank feiern und Gott, dem Schöp-

fer, danken für seine Schöpfung und für seine Schöpferkraft, aus der auch ich immer wieder neu Leben beziehe.
Schliesslich werde ich mir als Mensch auch meiner Abhängigkeit und meiner Grenzen bewusst. Ich kann mir nicht selber das Leben geben und selber für mein Leben sorgen; ich bin auf Gott, den Schöpfer angewiesen, der auch mich erschaffen hat und mein Leben versorgt mit dem, was ich brauche. Das macht mich demütig. Ich bin nicht Gott, sondern ich bin ein Geschöpf und damit vom Schöpfer abhängig und ihm untergeordnet.

Deshalb wird Gott im Apostolischen Glaubensbekenntnis ja auch 'der Allmächtige' genannt. Er hat die Macht, die Autorität, die Herrschaft über alles, über das ganze Universum. Zwar hat er auch dem Menschen eine gewisse Macht übergeben, gewissermassen delegiert: Er hat ihm die Erde anvertraut, wie es in Psalm 115 heisst: *"Der Himmel ist der Himmel des Herrn, die Erde aber hat er den Menschen gegeben"* [Psalm 115,16]. – Aber letztlich ist Gott der Herr über alles. Deshalb konnte dann auch der Sohn Gottes, Jesus Christus, nach seiner Auferstehung und der Überwindung des Todes sagen: *"Mir ist alle Macht gegeben im Himmel und auf Erden"* [Matthäus 28,18].
Gott ist der Allmächtige, weil er der Schöpfer ist, weil alles von ihm her kommt und auf ihn ausgerichtet ist, auch und besonders wir Menschen. Darum ist es unsere Bestimmung, ihm zu danken für das Leben und für alle Versorgung und ihn zu loben mit der ganzen Schöpfung, wie wir in Psalm 103 aufgefordert werden: *"Lobt den Herrn, all seine Werke, an allen Orten seiner Herrschaft! Lobe den Herrn, meine Seele!"* [Psalm 103,22].

A M E N

4. Jesus Christus, der Sohn

Predigt über Matthäus 17,5

(24. August 2008)

<u>Schriftlesungen</u>:

Matthäus 17,1-9

Und nach sechs Tagen nimmt Jesus den Petrus, den Jakobus und dessen Bruder Johannes mit und führt sie abseits auf einen hohen Berg. Da wurde er vor ihren Augen verwandelt, und sein Angesicht strahlte wie die Sonne, und seine Kleider wurden weiss wie das Licht. Und siehe da: Es erschienen ihnen Mose und Elija, und sie redeten mit ihm. Da ergriff Petrus das Wort und sagte zu Jesus: "Herr, es ist gut, dass wir hier sind. Wenn du willst, werde ich hier drei Hütten bauen, eine für dich, eine für Mose und eine für Elija."
Während er noch redete, da warf eine lichte Wolke ihren Schatten auf sie, und eine Stimme sprach aus der Wolke: "Dies ist mein geliebter Sohn, an dem ich Wohlgefallen habe. Auf ihn sollt ihr hören!" Als die Jünger das hörten, fielen sie auf ihr Angesicht und fürchteten sich sehr. Da trat Jesus zu ihnen, rührte sie an und sprach: "Steht auf und fürchtet euch nicht!" Als sie wieder aufblickten, sahen sie niemanden mehr ausser Jesus. Während sie vom Berg hinunterstiegen, gebot ihnen Jesus: "Sagt niemandem, was ihr gesehen habt, bis der Menschensohn von den Toten auferweckt worden ist."

Johannes 14,6-11

Jesus sagt zu ihm: "Ich bin der Weg und die Wahrheit und das Leben; niemand kommt zum Vater, es sei denn durch mich. Wenn ihr mich erkannt habt, werdet ihr auch meinen Vater erkennen. Von jetzt an kennt ihr ihn, ihr habt ihn gesehen."
Philippus sagt zu ihm: "Herr, zeig uns den Vater, und es ist uns genug." Jesus sagt zu ihm: "So lange schon bin ich bei euch, und du hast mich nicht erkannt, Philippus? Wer mich gesehen hat, hat den Vater gesehen. Wie kannst du sagen: Zeig uns den Vater? Glaubst du denn nicht, dass ich im Vater bin und der Vater in mir ist? Die Worte, die ich euch sage, rede ich nicht aus mir: Der Vater, der in mir bleibt, vollbringt seine Werke. Glaubt mir, dass ich im Vater bin und der Vater in mir ist."

Liebe Gemeinde.

Erinnern Sie sich noch ans Trio Eugster? In den 70-er-Jahren brachten diese drei Sänger eine ganze Anzahl schweizerdeutsche Hits heraus, u.a. einen mit dem Titel "Ganz de Bappe". Dieser Schlager singt davon, dass Kinder ihren Eltern oftmals sehr ähnlich sind, manchmal so ähnlich, dass man nicht anders kann, als eben zu sagen: "Ganz de Bappe!" So hat eine Lehrerkollegin an meinem früheren Wohnort zu mir gesagt, als mein Sohn in die Oberstufe kam, dass sie ihn nicht gekannt habe, aber sofort gewusst habe, dass er mein Sohn sei: die gleiche Stimme, die gleiche Art, eben "ganz de Bappe".

Dasselbe lässt sich nun aber auch über Jesus sagen. Wir haben es gehört, wie er selber zu Philippus sprach: *"Wer mich gesehen hat, hat den Vater gesehen."* Jesus sprach überhaupt sehr häufig von Gott als seinem Vater und von sich selber als dem Sohn, dem Sohn Gottes. Und immer wieder kommt dabei zum Ausdruck, dass der Sohn wie der Vater ist, dass sich im Sohn der Vater spiegelt und dass wir darum in Jesus Gott sehen können.

Auch Gott selber sprach von Jesus als seinem Sohn; wir haben es gehört im Bericht über die Verklärung Jesu. Da hörten die Jünger eine Stimme aus der Wolke (und es ist klar, dass das die Stimme Gottes war), die sagte: *"Dies ist mein geliebter Sohn, an dem ich Wohlgefallen habe."* Das ist doch sehr deutlich. – Von daher kam dann der Satz ins Apostolische Glaubensbekenntnis, der so zentral ist: *"Ich glaube an Jesus Christus, seinen eingeborenen Sohn, unseren Herrn"*. Mit dieser Aussage wollen wir uns jetzt etwas beschäftigen.

Dabei muss ich zuerst eine Bemerkung zum Wort 'eingeboren' machen. Es geht hier nicht um die Eingeborenen im afrikanischen Busch oder so, sondern man müsste den Begriff besser und richtiger übersetzen mit 'einziggeboren'. Damit soll nämlich der Unterschied hervorgehoben werden zwischen Jesus als Sohn Gottes, und uns, den Gläubigen, als Söhne und Töchter Gottes. Wir sind ja durch den Glauben auch Kinder Gottes, aber wir sind es nicht von Natur aus, sondern wir wurden gewissermassen von Gott, dem himmlischen Vater als seine Kinder adoptiert (davon habe ich ja in der Predigt über Gott, den Vater gesprochen).

Jesus dagegen ist von Anfang an und von seinem Wesen her der Sohn Gottes. In einem späteren Glaubensbekenntnis, dem sog. Nizäno-Konstantinopolitanum, wird dies noch stärker betont, wenn es dort heisst: *"Jesus*

Christus, Gottes eingeborener Sohn, aus dem Vater geboren vor aller Zeit: Gott von Gott, Licht vom Licht, wahrer Gott vom wahren Gott, gezeugt, nicht geschaffen, eines Wesens mit dem Vater." – So ist Jesus der einzige wirkliche, geborene, nicht adoptierte Sohn Gottes.
Allerdings muss man aufpassen, dass man diese Aussage nicht allzu irdisch-biologisch versteht. Es ist nicht so gemeint, wie es sich zum Beispiel die alten Griechen vorstellten, deren Götter Kinder zeugten durch einen Geschlechtsakt mit einer Göttin oder auch mit einer menschlichen Frau. Die Bibel wie das Apostolische Glaubensbekenntnis sprechen nicht so dinglich von der Zeugung des Gottessohnes Jesus. Es heisst einfach: *"empfangen durch den Heiligen Geist"*, oder (am Anfang des Matthäus-Evangeliums): *"Es fand sich, dass Maria vom Heiligen Geist schwanger war"* [Matthäus 1,18]. Das Geheimnisvolle wird dabei gewahrt, die Frage nach dem Wie bleibt unbeantwortet, und dabei sollen auch wir es belassen. – Die Aussage soll uns genügen, dass Jesus als der einzige wahre Sohn ganz eng mit Gott, dem Vater verbunden ist; darum konnte er ja auch einmal sagen: *"Ich und der Vater sind eins"* [Johannes 10,30].
Wenn Jesus in diesem Sinn der Sohn Gottes ist, bedeutet es aber auch, dass er seinem Wesen nach selber Gott ist. Deshalb kennt der christliche Glaube die Vorstellung von der Dreieinigkeit, die besagt, dass wir zwar nur <u>einen</u> Gott kennen und anbeten, nicht mehrere Götter, nur <u>einen</u> Gott, der sich aber in drei durchaus unterscheidbaren Personen (Vater, Sohn und Heiliger Geist) äussert und wirkt und der trotzdem nur Einer ist. Auch das ist ein grosses und letztlich nie ganz zu durchdringendes Geheimnis, das uns aber zeigt, dass Gott in seinem grundlegendsten und innersten Wesen Beziehung ist.

Diese Vorstellung von der Dreieinigkeit Gottes und die Glaubensaussage, dass Jesus der wahre, wesensmässige Sohn Gottes ist, sind nun allerdings der grosse Stein des Anstosses für die anderen sog. abrahamitischen Religionen, für das Judentum und besonders für den Islam. Der Koran, der ja nach der Bibel entstanden ist, nimmt ganz direkt Bezug darauf, wenn er an mehreren Stellen ausdrücklich erklärt, dass es völlig undenkbar und unmöglich sei, dass Allah einen Sohn habe. Für den Islam war daher Jesus nur ein Mensch und Prophet, aber sicher nicht göttlich und Gottes Sohn. (Übrigens sehen das heutzutage auch viele Menschen, die im christlichen Rahmen aufgewachsen

sind, genau gleich: Jesus war nur ein guter Mensch, aber nicht der Sohn Gottes.)
Demgegenüber bin ich überzeugt, dass es entscheidend wichtig ist, an diesem Bekenntnis festzuhalten: *"Ich glaube an Jesus Christus, seinen eingeborenen Sohn".* Denn erst im Sohn hat sich Gott endgültig offenbart, wie es am Anfang des Hebräerbriefes heisst: *"Nachdem Gott vor Zeiten vielfach und auf vielerlei Weise zu den Vätern geredet hatte durch die Propheten, hat er am Ende dieser Tage zu uns geredet durch den Sohn"* [Hebräer 1,1f.].
Erst durch den Sohn wird Gott für uns überhaupt wirklich erkennbar. Im Kolosserbrief steht nämlich: *"Er ist das Ebenbild des unsichtbaren Gottes"* [Kolosser 1,15]. Jesus ist also das Abbild, das Bild, in dem Gott, den wir ja nicht sehen können, für uns sichtbar und gegenwärtig wird; eben: *"Wer mich gesehen hat, hat den Vater gesehen."*
Erst durch den Sohn wird darum Gott auch eindeutig. Der Begriff 'Gott' ist ja durchaus vieldeutig. Die allermeisten Religionen sprechen von einem 'Gott', doch haben sie dabei sehr unterschiedliche, zum Teil sogar gegensätzliche Vorstellungen von ihm. Die meisten Menschen reden von Gott und glauben an Gott, aber das heisst noch lange nicht, dass sie auch das Gleiche damit meinen. Das Wort 'Gott' ist sehr vieldeutig.
Im Sohn aber wird Gott eindeutig. Es geht nicht mehr um irgendeinen Gott, es ist der Gott gemeint, der sich im Sohn offenbart hat, der in Jesus ein Mensch geworden ist und der durch den Tod und die Auferstehung dieses seines Sohnes die Versöhnung zwischen Mensch und Gott geschaffen hat. – Diesen Gott bekennen die Christen, bekennt die christliche Kirche, den Gott, der sich im Sohn, in Jesus gezeigt, offenbart hat, keinen anderen.
Zudem können wir auch nur durch den Sohn überhaupt zu Gott, zum Vater kommen. Auch das ist für viele Leute eine herausfordernde und anstössige Aussage. Aber Jesus sprach es selbst deutlich aus: *"Ich bin der Weg und die Wahrheit und das Leben; niemand kommt zum Vater, es sei denn durch mich."* Und Gott sagte bei der Verklärung Jesu aus der Wolke: *"Dies ist mein geliebter Sohn, an dem ich Wohlgefallen habe; auf ihn sollt ihr hören!"*
Nicht auf irgendjemand anderen sollen wir hören, sollen wir uns ausrichten, sondern allein auf ihn, auf Jesus, den Sohn Gottes. Der Glaube an ihn ist von entscheidender Bedeutung, denn in der Bibel steht (um noch einen weiteren, sehr berühmten Vers zu zitieren): *"So sehr hat Gott die Welt geliebt, dass er*

seinen einzigen Sohn dahingab, damit jeder, der an ihn glaubt, nicht verloren gehe, sondern das ewige Leben habe" [Johannes 3,16].

Weil Jesus, der Sohn Gottes das alles entscheidende Zentrum des Glaubens ist, darum wird im Apostolischen Glaubensbekenntnis dann auch weiter sehr ausführlich von ihm gesprochen; der Teil über Jesus, der sog. 2. Artikel des Apostolikums ist mit Abstand der längste Teil davon. Da wird Jesus nicht nur als der einziggeborene Sohn des himmlischen Vaters bezeichnet, sondern auch als der Christus und als unser Herr.
'Christus' ist die griechische Übersetzung des hebräischen Wortes 'Messias'. Beide Begriffe heissen: 'der Gesalbte' und meinen den endgültigen, göttlichen Heilsbringer. 'Christus' ist also nicht etwa der Nachname von Jesus, sondern ein Titel; genauso wie das Wort 'Herr', mit dem ausgesagt wird, dass Jesus der höchste und umfassendste Herrscher ist. – Im 2. Kapitel des Philipper-Briefes lesen wir dazu: *"Er, der doch von göttlichem Wesen war, hielt nicht daran fest, Gott gleich zu sein, sondern er entäusserte sich selbst, er erniedrigte sich und wurde gehorsam bis zum Tod am Kreuz. Deshalb hat Gott ihn auch über alles erhöht und ihm den Namen verliehen, der über allen Namen ist, damit im Namen Jesu sich beuge jedes Knie, und jede Zunge bekenne, dass Jesus Christus der Herr ist, zur Ehre Gottes, des Vaters"* [aus Philipper 2,5-11].
Jesus ist der Christus, der Sohn Gottes, der Herr. Und dann kommen im Apostolischen Glaubensbekenntnis eine ganze Anzahl Aussagen über Jesus, die Stoff für viele weitere Predigten liefern und auf die ich darum jetzt nicht vorgreifen möchte.

"Ich glaube an Jesus Christus, seinen eingeborenen Sohn, unseren Herrn"; das ist das Entscheidende. Es genügt nicht, einfach allgemein an Gott zu glauben, das ist (wie gesagt) zu vieldeutig und unverbindlich; sondern auf den Glauben an den Sohn Gottes, an Jesus Christus kommt es an. Erst durch ihn werden wir gerettet, erst durch ihn bekommen wir das wahre und ewige Leben, erst durch ihn werden wir selber zu Kindern Gottes gemacht – durch den einziggeborenen Sohn Gottes, Jesus Christus, unseren Herrn.

AMEN

5. Jesus Christus – geboren von der Jungfrau Maria

Predigt zu Weihnachten über Matthäus 1,18-25

(25. Dezember 2008)

Schriftlesungen:

Matthäus 1,18-25:

Mit der Geburt Jesu Christi verhielt es sich so: Maria, seine Mutter, war mit Josef verlobt; noch bevor sie zusammengekommen waren, zeigte sich, dass sie schwanger war durch das Wirken des Heiligen Geistes. Josef, ihr Mann, der gerecht war und sie nicht blossstellen wollte, beschloss, sich in aller Stille von ihr zu trennen.

Während er noch darüber nachdachte, erschien ihm ein Engel des Herrn im Traum und sagte: "Josef, Sohn Davids, fürchte dich nicht, Maria als deine Frau zu dir zu nehmen; denn das Kind, das sie erwartet, ist vom Heiligen Geist. Sie wird einen Sohn gebären; ihm sollst du den Namen Jesus geben; denn er wird sein Volk von seinen Sünden erlösen. Dies alles ist geschehen, damit sich erfüllte, was der Herr durch den Propheten gesagt hat: «Siehe, die Jungfrau wird schwanger werden und einen Sohn gebären, und man wird ihm den Namen Immanuel geben», das heisst übersetzt: Gott ist mit uns."

Als Josef erwachte, tat er, was der Engel des Herrn ihm befohlen hatte, und nahm seine Frau zu sich. Er berührte sie aber nicht, bis sie ihren Sohn gebar. Und er gab ihm den Namen Jesus.

Johannes 1,1-5.9-14:

Im Anfang war das Wort, und das Wort war bei Gott, und das Wort war Gott. Im Anfang war es bei Gott. Alles ist durch das Wort geworden, und ohne das Wort wurde nichts, was geworden ist. In ihm war das Leben, und das Leben war das Licht für die Menschen. Und das Licht leuchtet in der Finsternis, und die Finsternis hat es nicht erfasst.

Das wahre Licht, das jeden Menschen erleuchtet, kam in die Welt. Er war in der Welt, und die Welt ist durch ihn geworden, aber die Welt erkannte ihn nicht. Er kam in sein Eigentum, aber die Seinen nahmen ihn nicht auf. Allen aber, die ihn aufnahmen, gab er Macht, Kinder Gottes zu werden, allen, die an seinen Namen glauben, die nicht aus dem Blut, nicht aus dem Willen des Fleisches, nicht aus dem Willen des Mannes, sondern aus Gott geboren sind. Und das Wort wurde Fleisch und wohnte unter uns, und wir sahen seine Herrlichkeit, die Herrlichkeit des einzigen Sohnes vom Vater, voll Gnade und Wahrheit.

Liebe Gemeinde.
Im ersten der beiden Lesungstexte haben wir vorhin die Weihnachtsgeschichte nach dem Matthäus-Evangelium gehört. Der Evangelist versucht darin zu beschreiben, wie es mit der Geburt von Jesus Christus zugegangen ist. Dabei hebt er einen Aspekt hervor, der dann später im Apostolischen Glaubensbekenntnis in folgende Worte gefasst wurde: *"Ich glaube an Jesus Christus, (...) empfangen durch den Heiligen Geist, geboren von der Jungfrau Maria"*. – Und mit dieser Aussage wollen wir uns heute an Weihnachten etwas beschäftigen. Denn einerseits kommt darin ein entscheidender Teil der Weihnachtsbotschaft zum Ausdruck; andererseits ist gerade diese Behauptung, dass Jesus von einer Jungfrau geboren wurde, der grosse Knackpunkt, weshalb viele Menschen heutzutage Mühe haben mit dem Apostolischen Glaubensbekenntnis.
Schliesslich leben wir im 21. Jahrhundert, und da wissen wir, dass es biologisch unmöglich ist, dass eine Frau schwanger werden und ein Kind gebären kann, ohne je mit einem Mann sexuell zusammengekommen zu sein. Mit der modernen Fortpflanzungstechnologie ist es zwar durchaus machbar, dass eine Frau schwanger werden kann, ohne Geschlechtsverkehr gehabt zu haben. Doch auch da ist der Mann nicht völlig unbeteiligt; es braucht zumindest eine männliche Samenzelle für eine Befruchtung. Eine Jungfrauengeburt im strengen Sinn ist dagegen nach den Gesetzmässigkeiten unserer Welt schlechterdings unmöglich.
Doch genau davon spricht das Apostolikum und erzählt der Evangelist Matthäus in seiner Weihnachtsgeschichte, dass Jesus nicht von einem Mann gezeugt, sondern vom Heiligen Geist empfangen wurde und von einer Jungfrau (im biologischen Sinn) geboren wurde. – Wirklich ein Stein des Anstosses, und man kann sich durchaus fragen, ob denn zumindest dieser Teil der Weihnachtsbotschaft nicht überholt sei, ja noch schlimmer: eine erfundene Geschichte, ein Märchen, letztlich eine Lüge darstelle, ein Mythos, der religionsgeschichtlich gesehen auch anderswo vorkommt.
Viele Menschen in der heutigen Zeit urteilen so und streichen deshalb (trotz der klaren Aussage des Apostolischen Glaubensbekenntnisses) die Jungfrauengeburt mehr oder weniger bewusst aus ihrem Glaubenssystem heraus. – Ich kann diese Haltung sehr wohl nachvollziehen und verstehen; trotzdem meine ich, dass sie falsch ist.

Die Geburt aus einer Jungfrau ist zwar biologisch gesehen tatsächlich unmöglich – aber warum sollte sie deshalb auch bei Gott unmöglich sein? Warum sollte Gott, der Herr der Welt, nicht ausnahmsweise für einen speziellen Zweck seine eigenen biologischen Gesetzmässigkeiten ausser Kraft setzen können? Ich bin überzeugt, dass für Gott letztlich nichts unmöglich ist; so habe ich persönlich auch keine Mühe zu glauben, was die Weihnachtsgeschichte wie das Apostolikum aussagen: dass das Jesuskind wirklich von der Jungfrau Maria geboren worden ist.
Wie das genau zugegangen ist und was man sich unter dem *"empfangen durch den Heiligen Geist"* konkret vorstellen muss, kann ich Ihnen auch nicht sagen; die Bibel gibt darüber keine nähere Auskunft. Sicher ist damit nicht gemeint, dass Maria einfach statt mit Josef mit Gott sexuell zusammengekommen ist, so wie in vielen anderen Religionen berichtet wird, dass sich göttliche Wesen mit menschlichen Frauen vermählten. Nein, es heisst einfach, dass Gott durch seinen Heiligen Geist irgendwie bewirkt hat, dass ohne das Zutun eines Mannes im Leib von Maria das Kind Jesus entstand. Nur in diesem geistlichen Sinn, nicht im biologisch-fortpflanzungsmässigen Sinn ist Gott der Vater von Jesus und Jesus der Sohn Gottes. Aber wie gesagt: Die Art und Weise, wie das geschehen ist, liegt jenseits der Grenzen unseres Verstehens und bleibt immer ein Geheimnis.

Nun gibt es aber nicht nur diejenigen Menschen, die Mühe haben mit dieser Jungfrauengeburt und sie verleugnen, es gibt auf der anderen Seite auch diejenigen, die das Geheimnis der Jungfrauengeburt übertreiben. In der alten Kirche ist eine Lehre entstanden, die von der heutigen katholischen Kirche noch festgehalten wird: die Lehre von der immerwährenden Jungfrauenschaft Marias, dass also Maria vor, während und nach der Geburt von Jesus im biologischen Sinn Jungfrau war und blieb. – Das ist nun wirklich zuviel des Guten und hat keinen Anhalt mehr in den biblischen Texten. Die Empfängnis Jesu war zwar sehr aussergewöhnlich, das versucht ja der Bibeltext von Matthäus zu beschreiben; aber die Geburt Jesu war eine durchaus normale Geburt. Und mehrmals wird in der Bibel berichtet, dass Jesus Geschwister hatte, dass also Maria noch mehr Kinder bekommen hatte.
Mit dieser Lehre von der immerwährenden Jungfrauenschaft Marias hängt auch zusammen, dass das Jungfrau-Sein in einem Teil der kirchlichen Tradi-

tion gewaltig hochstilisiert, ja geradezu vergöttlicht und den Christen als höchstes Vorbild der Frömmigkeit vorgesetzt wurde. Wie viele Frauen in früheren Jahrhunderten gingen doch in die Klöster, weil sie meinten, dadurch dass sie Jungfrau blieben, könnten sie, wie Maria, besonders nahe zu Gott kommen. Dass bei dieser von der Kirche propagierten Einstellung natürlich die Sexualität als umso unreiner und sündiger angesehen wurde, ist nichts als logisch.

Ich meine, dass auch diese Hochstilisierung der Jungfrauengeburt falsch ist und ihre wahre Bedeutung verkennt. Denn bei der biblischen Aussage zu diesem Thema geht es gar nicht um Maria und ihr Jungfrau-Sein, es geht nicht darum, eine wichtige Aussage über die Gebärerin zu machen oder gar Anweisungen für ein heiliges Leben zu geben. Es geht vielmehr um den, der da geboren wird, es geht um Jesus. So auch im Apostolischen Glaubensbekenntnis: Der Satz *"empfangen durch den Heiligen Geist, geboren von der Jungfrau Maria"* will nicht etwas über Maria sagen, sondern über Jesus, den wir bekennen.

Und damit komme ich, nach diesem Ausflug in die teilweise etwas skurrile Dogmengeschichte, endlich zu dem, was denn die Geburt Jesu aus einer Jungfrau im Blick auf die Botschaft von Weihnachten zu bedeuten hat. Es ist die ausgesprochen wichtige Aussage, dass Jesus Christus zugleich wahrer Gott und wahrer Mensch ist, dass in Jesus Christus Gott an Weihnachten ein Mensch wurde.

Die Person von Jesus ist ja ebenfalls ein grosses Geheimnis. In den Evangelien kommt er uns auf doppelte Art entgegen: auf der einen Seite als gewöhnlicher Mensch. Jesus begann sein Leben wie jeder andere Mensch als kleiner Säugling; er wuchs dann in einer normalen jüdischen Familie auf und lernte ein normales Handwerk. Er hatte Hunger und Durst, brauchte Schlaf und litt Schmerzen. Wirklich ein gewöhnlicher Mensch. – Auf der anderen Seite sehen wir an Jesus aber auch Züge, die nur göttlich sein können: Er konnte Kranke heilen und Tote auferwecken, er konnte Brot vermehren und übers Wasser laufen, er konnte Gedanken erkennen und Sünden vergeben, und er lehrte mit einer übermenschlichen Vollmacht.

Beides, das Menschliche wie das Göttliche, sehen wir bei Jesus. Darum haben die frühen Christen erkannt und dann später am Konzil von Chalcedon

auch lehrmässig festgehalten: Jesus Christus ist zugleich wahrer Gott und wahrer Mensch; er ist der Sohn Gottes und darum ganz und wirklich Gott, und zugleich ist er der Sohn eines Menschen und darum ganz und wirklich ein Mensch. – Wie das zusammengeht, wie eine Person gleichzeitig ganz Gott und ganz Mensch sein kann (nicht halb göttlich, halb menschlich), das ist eben das grosse Geheimnis an Jesus Christus und überschreitet (wie so vieles) die Grenzen unseres Begreifen-Könnens.
Doch wir haben ein handfestes Zeichen für dieses Geheimnis, nämlich die Geburt Jesu aus der Jungfrau Maria. Mit dem Bekenntnis zur Jungfrauengeburt soll genau das ausgesagt werden: Jesus Christus ist wirklich ein Mensch, denn er wurde geboren von einer menschlichen Mutter, wie alle anderen Söhne anderer Mütter. – Aber gleichzeitig wurde Jesus geboren wie sonst kein anderer Mensch, nämlich ohne männliche Zeugung, allein durch die Kraft Gottes, durch den Heiligen Geist. Jesus Christus ist zugleich Gottessohn und Menschensohn, er ist wahrer Gott und wahrer Mensch. Das soll zum Ausdruck kommen durch seine Geburt aus einer Jungfrau.
Etwas ganz Entscheidendes also. Trotzdem meine ich nicht, dass es heilsnotwendig ist, an die Jungfrauengeburt zu glauben, dass der Glaube also damit steht oder fällt, ob man vom biologischen Jungfrau-Sein der Mutter Jesu überzeugt ist oder nicht. Aber man verliert mit der Ablehnung des Bekenntnissatzes *"geboren aus der Jungfrau Maria"* doch einen sehr wichtigen Teil der Botschaft von Weihnachten.

Diese Weihnachtsbotschaft lautet (ich möchte sie uns nochmals deutlich vor Augen stellen): Der ewige, allmächtige, wahre Gott entäusserte sich selbst und wurde ein Mensch; das göttliche Wort wurde Fleisch, wie es in Johannes 1 heisst, dem Text, der oft als die Weihnachtsgeschichte des Johannes-Evangeliums bezeichnet wird.
Gott wurde ein Mensch, ein wirklicher Mensch, der unser menschliches Leben ganz kennen gelernt und gelebt hat und der darum mit uns Menschen mitempfindet, sich mitfreut und mitleidet, der uns Menschen immer ganz nahe ist. – Und zugleich dürfen wir in diesem Menschen Jesus dem wahren Gott begegnen, der uns in allen Situationen helfen kann und uns Heil und ewiges Leben schenkt.
Gott kam vom Himmel zur Welt durch die natürlich-übernatürliche Geburt aus

der Jungfrau Maria, damit wir alle, die wir an den Gottes- und Menschensohn Jesus Christus glauben, letztlich von der Erde in den Himmel kommen können.

A M E N

6. Jesus Christus – unter Pontius Pilatus gekreuzigt

Predigt über Matthäus 27

(18. Januar 2009)

Schriftlesung:

Matthäus 27,1-2.11-31

Als es Morgen wurde, fassten alle Hohen Priester und die Ältesten des Volkes den Beschluss, Jesus zu töten. Und sie fesselten ihn, führten ihn ab und lieferten ihn an den Statthalter Pilatus aus.
Jesus wurde vor den Statthalter gebracht, und der Statthalter fragte ihn: "Bist du der König der Juden?" Jesus sprach: "Du sagst es!" Und solange die Hohen Priester und Schriftgelehrten ihre Anklagen vorbrachten, antwortete er nichts. Da sagte Pilatus zu ihm: "Hörst du nicht, was sie alles gegen dich vorbringen?" Und er antwortete ihm auf keine einzige Frage, so dass sich der Statthalter sehr wunderte.
Jeweils zum Fest aber pflegte der Statthalter dem Volk einen Gefangenen freizugeben nach ihrer Wahl. Sie hatten damals aber einen berüchtigten Gefangenen namens Barabbas. Als sie nun versammelt waren, sagte Pilatus zu ihnen: "Wen soll ich euch freigeben, Barabbas oder Jesus, den sogenannten Messias?" Er wusste nämlich, dass sie ihn aus Neid ausgeliefert hatten. Als er nun auf dem Richterstuhl sass, liess ihm seine Frau sagen: "Lass die Hände von diesem Gerechten, denn seinetwegen habe ich heute im Traum viel gelitten."
Die Hohen Priester und die Ältesten aber überredeten die Leute, um Barabbas zu bitten, Jesus aber hinrichten zu lassen. Der Statthalter nun fragte sie: "Welchen von den beiden soll ich euch freigeben?" Sie sagten: "Barabbas!" Da sagte Pilatus zu ihnen: "Was soll ich dann mit Jesus machen, dem sogenannten Messias?" Sie alle sagten: "Gekreuzigt soll er werden!" Er aber sagte: "Was hat er denn Böses getan?" Da schrien sie noch lauter: "Gekreuzigt soll er werden!"
Als Pilatus sah, dass er nichts erreichte, vielmehr die Unruhe wuchs, nahm er Wasser, wusch sich vor den Augen des Volkes die Hände und sagte: "Ich bin unschuldig an diesem Blut. Seht ihr zu!" Und das ganze Volk entgegnete: "Sein Blut über uns und unsere Kinder!" Da gab er ihnen Barabbas frei; Jesus aber liess er auspeitschen und lieferte ihn aus zur Kreuzigung.
Da nahmen die Soldaten des Statthalters Jesus mit sich ins Prätorium und versammelten um ihn die ganze Kohorte. Und sie zogen ihn aus, legten ihm einen purpurroten Mantel um und flochten eine Krone aus Dornen, setzten

sie ihm aufs Haupt und gaben ihm ein Rohr in die rechte Hand. Und sie fielen vor ihm auf die Knie und verspotteten ihn: "Sei gegrüsst, König der Juden!" und spuckten ihn an, nahmen das Rohr und schlugen ihn aufs Haupt. Und nachdem sie ihn verspottet hatten, zogen sie ihm den Mantel aus, zogen ihm seine Kleider wieder an und führten ihn ab, um ihn zu kreuzigen.

Liebe Gemeinde.

Was in aller Welt hat eigentlich Pilatus im Glaubensbekenntnis verloren? Haben Sie sich das auch schon gefragt, besonders wenn Sie nun vielleicht schon einige Male das Apostolikum gelesen und ausgesprochen haben? Es ist ja schon auffällig: In einem so dichten dogmatischen Text wird als einziger Mensch neben Maria, der Mutter Jesu, ausgerechnet Pilatus erwähnt (*"... gelitten unter Pontius Pilatus"*), ein Mann mit einem – gelinde gesagt – ziemlich zweifelhaften Ruf. Was ist wohl der Sinn davon?

Ich meine, unsere Glaubensväter haben durchaus bewusst diesen Mann ins Apostolische Glaubensbekenntnis aufgenommen, um damit festzuhalten, dass Jesus Christus eine historische Figur ist und nicht irgendeine Traumgestalt oder ein Mythos. Diese Ansicht gab es nämlich in den ersten Jahrhunderten in gewissen, sog. gnostischen Kreisen. Für diese war Christus nicht wirklich ein Mensch, sondern eine überirdische, göttliche Lichtgestalt, die zwar für eine gewisse Zeit verkleidet als Mensch Jesus über die Erde schwebte, aber diesen vor dessen Tod wieder verliess und in die himmlischen Sphären zurückkehrte.

Dieser Sicht der Gnosis will das Apostolikum entgegenhalten: Jesus Christus ist zwar Gottes Sohn, aber er war auch wirklich und wahrhaftig ein Mensch, der auf der Erde lebte und hier sogar litt und starb. Und gewissermassen als Zeuge dafür wird diejenige Person angeführt, die am wenigsten vergöttlicht oder mystifiziert werden konnte: Pontius Pilatus, der Jesus zum Tod verurteilt hatte. Pilatus ist also sozusagen der Gewährsmann dafür, dass Jesus Christus wirklich in der menschlichen Geschichte verankert ist, sowohl zeitlich wie örtlich, nämlich dann und dort, wo Pontius Pilatus Statthalter war, und das kann man nicht nur im Glaubensbuch der Bibel, sondern auch in historischen Akten nachlesen.

Wer war nun aber dieser Pontius Pilatus? Aus den Evangelien wie aus anderen Quellen wissen wir: Er war Statthalter Roms in Jerusalem; Kaiser Tiberius

hatte ihn, wahrscheinlich im Jahr 26 n.Chr., in diese äusserst unruhige Ecke des römischen Reiches abkommandiert, wo er sich offenbar recht gut halten und durchsetzen konnte, denn immerhin blieb er 10 Jahre lang auf diesem schwierigen Posten. – Sein Charakter wurde unterschiedlich beurteilt: Der zeitgenössische jüdische Historiker Philo bezeichnete ihn als skrupellosen Machtmenschen, der vor keiner Brutalität zurückschreckte und alles, was irgendwie nach Aufstand aussah, blutig niederschlug (so wird auch in Lukas 13 berichtet, wie er jüdische Pilger niedermetzeln liess).
Ein anderer jüdischer Historiker, Josephus, wie auch die Bibel zeichnen ein etwas differenzierteres Bild von ihm. Da erscheint Pilatus als ein Statthalter, der durchaus Respekt hatte vor den Juden und ihren religiösen Traditionen, der aber auch von Wankelmütigkeit und Feigheit geprägt war. So wollte er (wir haben es gehört in der Lesung aus Matthäus) Jesus retten vor der Todesstrafe und betonte mehrmals, dass er keine Schuld an ihm fände. Doch dem Druck des jüdischen Establishments und des Volkes konnte er nicht genügend Widerstand leisten. Und als er dann auch noch (gemäss dem Bericht bei Lukas) mit dem Vorwurf konfrontiert wurde, er handle entgegen den Interessen des Kaisers, wenn er diesen Jesus, der König der Juden sein wolle, nicht hinrichten lasse, da bekam Pilatus kalte Füsse und gab schliesslich nach und fällte das letztgültige Urteil über den Angeklagten: Todesstrafe, Kreuzigung.

Jesus Christus hat *"gelitten unter Pontius Pilatus"*. Vor der eigentlichen Hinrichtung wurde er den römischen Soldaten überlassen, die ihre sadistischen Spiele mit ihm trieben und ihn verspotteten und quälten. Pilatus liess Jesus auch auspeitschen. Was relativ harmlos tönt, war in Tat und Wahrheit äusserst brutal. Denn die Lederriemen der Peitschen waren oftmals mit Knochenstücken oder Metallhaken versehen, die die Haut des Ausgepeitschten blutig aufrissen. Es kam sogar vor, dass ein Angeklagter gar nicht mehr hingerichtet werden musste, weil er schon das Auspeitschen nicht überlebte. – Wenn Sie den Kinofilm "The Passion" gesehen haben, dann haben Sie etwa eine Vorstellung von der Qual, die Jesus ertragen musste.
Und dann wurde Jesus, nachdem er – einem Spiessrutenlauf gleich – durch die Strassen Jerusalems getrieben wurde, eben gekreuzigt. Auch das ist etwas, was wir uns gar nicht mehr recht vorstellen können in all seiner Brutali-

tät. Das Kreuz, das wir heutzutage allenthalben in den Kirchen und an anderen Orten sehen können, das viele Leute auch als Schmuckstück tragen, das Kreuz war damals nichts anderes als der Galgen. Da wurden die Verbrecher hingerichtet, und zwar diejenigen, die man damit besonders demütigen wollte. So haben in jener Zeit die römischen Soldaten zu Hunderten jüdische Aufständische und Rebellen gekreuzigt. Jesus war also längst nicht der Einzige, der diesen Tod erleiden musste; auch mit ihm zusammen wurden ja zwei andere Männer ans Kreuz geschlagen.
Besonders demütigend war die Kreuzigung deshalb, weil der Hinzurichtende nackt ausgezogen wurde und so in seiner ganzen Blösse vor aller Augen ausgestellt wurde. Die Römer sorgten auch dafür, dass dies möglichst lange anhielt: Die Nägel wurden so durch Hände und Füsse getrieben, dass möglichst wenig Blut floss; die Füsse wurden auf einem Holzklotz abgestützt, damit das Gewicht des eigenen Körpers den Gehenkten nicht frühzeitig auseinanderriss oder ersticken liess. – In dieser Weise hingen die Menschen stundenlang in der Hitze am Kreuz, manchmal sogar tagelang, von unsäglichen Schmerzen gequält, bis sie schliesslich (man muss es so brutal ausdrücken) verreckten.

Mögen Sie mir noch zuhören, wenn ich so rede? Ich verschone Sie jetzt mit weiteren Details über das Leiden und Sterben von Jesus. Es muss jedenfalls ausgesprochen schrecklich gewesen sein. Und ich kann mir lebhaft vorstellen, wie verzweifelt die Jünger und Nachfolger von Jesus damals waren, als sie mit ansehen mussten, wie ihr Herr so brutal hingerichtet wurde. Warum musste das geschehen? Und wozu? Was ist der Sinn davon? – *"Wir aber hofften, er sei es, der Israel erlösen sollte"*, sagten zwei auf dem Weg nach Emmaus [Lukas 24,21]; doch diese Hoffnungen hatten sich mit dem Kreuz zerschlagen. Und sie brauchten zuerst die Auferstehung Jesu und einiges an Zeit und geistlicher Erkenntnis, bis sie es verstehen konnten.
Wir heute wissen, was der Sinn davon ist, da die Apostel es dann in der Bibel aufgeschrieben haben. Aber auch wir können es uns nicht genug immer wieder vor Augen halten und neu vergegenwärtigen, denn es ist so gewaltig: Jesus Christus hat gelitten unter Pontius Pilatus und wurde gekreuzigt, nicht weil er tatsächlich ein Rebell oder Gotteslästerer gewesen wäre, nicht weil er tatsächlich schuldig gewesen wäre, sondern für uns, an unserer Stelle, für

unsere Schuld und für die Schuld aller Menschen. – Im Bericht aus dem Matthäus-Evangelium wusch Pilatus zwar seine Hände und sagte, er sei unschuldig am Tod Jesu. Doch das stimmt nur bedingt. Wenn er nicht so feig gewesen wäre und Angst gehabt hätte um seine politische Stellung, hätte er Jesus sehr wohl vor dem Tod bewahren können. Er war durchaus schuldig.
Natürlich trug auch das jüdische Volk Schuld daran, das sagte es selbst, denn es forderte lautstark, dass Jesus gekreuzigt werden sollte. Doch das Volk wurde ja nur von den Hohen Priestern und Ältesten dazu angestachelt; also waren diese sicher auch schuldig am Tod Jesu. – Wir können noch weitergehen: Hatte es nicht auch im Hohen Rat selber Personen (wie z.B. Joseph von Arimathäa), die zum Urteil schwiegen, obwohl sie nicht damit einverstanden waren? Hat nicht der Jünger Judas Jesus an die Behörden verraten? Haben nicht alle übrigen Jünger Jesus bei seiner Verhaftung schmählich im Stich gelassen? Haben nicht schon vorher die Schriftgelehrten und Pharisäer alles unternommen, um diesen unbequemen Jesus irgendwie beseitigen zu können? Alle waren sie irgendwie mitschuldig an der Kreuzigung Jesu.
Und nicht nur sie. Schon die frühen Christen haben erkannt, dass im geistlichen Sinn diese Mitschuld auch in die Zukunft hinein verlängert werden muss, dass also auch alle nachkommenden Menschen mit ihrer Schuld ebenfalls zum Tod Jesu beigetragen haben, dass Jesus auch gestorben ist für ihre Schuld, für unsere Schuld. – Deshalb wurden das Leiden und Sterben Jesu bald auch verstanden als die Erfüllung der Voraussage in Jesaja 53: *"Wahrlich, unsere Krankheiten hat er getragen und unsere Schmerzen auf sich geladen; wir aber meinten, er sei gestraft, von Gott geschlagen und geplagt. Und er war doch durchbohrt um unserer Sünden, zerschlagen um unserer Verschuldungen willen, die Strafe lag auf ihm zu unserem Heil, und durch seine Wunden sind wir genesen."* [Jesaja 53,4-5]

Man kann sagen: Am Kreuz hat ein grosser Tausch stattgefunden. Jesus Christus nahm unsere Schuld auf sich, damit wir seine Unschuld bekommen dürfen. *"Gott hat den, der von keiner Sünde wusste, für uns zur Sünde gemacht, damit wir in ihm die Gerechtigkeit Gottes würden"*, schreibt Paulus im 2. Korintherbrief [2. Korinther 5,21]. Jesus trug die Strafe für unsere Schuld, damit wir vollumfängliche Vergebung in Anspruch nehmen dürfen.
Jesus Christus nahm am Kreuz auch alle unsere Krankheiten, Gebrechen

und Schmerzen auf sich, damit wir Gesundheit bekommen und durch seine Wunden geheilt werden dürfen, wie es Jesaja sagte. Sogar die Heilung unserer Seele geschah am Kreuz: Jesus nahm unsere Scham auf sich (er war ja, wie ich gesagt habe, nackt am Kreuz), alles, wofür wir uns schämen, damit wir seiner Ehre teilhaftig würden. Und er erlitt auch alle Ablehnung, er war am Kreuz sogar von Gott verlassen, damit wir die Annahme beim himmlischen Vater erfahren dürfen, die wir so dringend brauchen.
Einen weiteren Aspekt dieses Tausches am Kreuz finden wir ebenfalls im 2. Korintherbrief, wenn Paulus schreibt: *"Denn ihr kennt die Gnade unseres Herrn Jesus Christus, dass er, obwohl er reich war, um euretwillen arm wurde, damit ihr durch seine Armut reich würdet"* [2. Korinther 8,9]. Dies ist durchaus im materiellen Sinn gemeint, denn es steht in einem Abschnitt, in dem es um Geld geht. Jesus wurde arm; man hat ihm alles weggenommen, vor der Kreuzigung wurden ihm auch seine letzten Kleidungsstücke (u.a. einein nicht ganz billigen Mantel ohne Nähte) vom Leib gerissen und unter den Soldaten verlost. – So dürfen wir an seiner Stelle reich werden; wir müssen nicht mehr ärmlich durchs Leben, sondern wir haben Anteil bekommen am unermesslichen Reichtum Gottes.
Jesus Christus starb für uns, damit wir das Leben, und zwar das wahre und ewige Leben bekommen dürfen. Er wurde (gemäss Galater 3,13-14) sogar zum Fluch gemacht, denn *"verflucht ist jeder, der am Holz* (also am Kreuz) *hängt"*. Auch das geschah für uns, denn Paulus schreibt: *"damit den Völkern* (so auch uns) *der Segen Abrahams zuteil würde."*

Sie sehen, liebe Gemeinde: Durch das Leiden und den Kreuzestod von Jesus Christus ist wirklich Grossartiges geschehen für uns. Nur etwas braucht es von unserer Seite dazu: Dass wir die Segnungen dieses Tausches am Kreuz im Glauben, im Vertrauen auf Gott und mit allem Wollen und aller Kraft für uns persönlich in Anspruch nehmen. Wenn das geschieht, dann hat das furchtbare Leiden Jesu und sein schrecklicher Tod am Kreuz in unserem eigenen Leben einen Sinn, den höchsten und tiefsten Sinn bekommen.

A M E N

7. Jesus Christus – im Reich des Todes

Predigt über 1. Petrus 3,19-20 und 4,6

(1. Februar 2009)

<u>Schriftlesung</u>: Lukas 23,44-56

Und es war schon um die sechste Stunde, und eine Finsternis kam über das ganze Land bis zur neunten Stunde, und die Sonne verfinsterte sich; und der Vorhang im Tempel riss mitten entzwei. Und Jesus rief mit lauter Stimme: "Vater, in deine Hände lege ich meinen Geist." Mit diesen Worten verschied er.

Als aber der Hauptmann sah, was da geschah, pries er Gott und sagte: "Dieser Mensch war tatsächlich ein Gerechter!" Und alle, die sich zu diesem Schauspiel zusammengefunden und gesehen hatten, was da geschah, schlugen sich an die Brust und gingen nach Hause. Alle aber, die ihn kannten, standen in einiger Entfernung, auch die Frauen, die ihm aus Galiläa gefolgt waren, und sahen alles.

Und da war ein Mann mit Namen Josef, der aus Arimathäa, einer jüdischen Stadt, stammte, ein guter und gerechter Mann, der auf das Reich Gottes wartete. Er war ein Mitglied des Hohen Rats, war aber mit dessen Beschluss und Vorgehen nicht einverstanden gewesen. Der ging zu Pilatus und bat um den Leichnam Jesu. Und er nahm ihn herab, wickelte ihn in ein Leinentuch und legte ihn in ein Felsengrab, in dem noch nie jemand beigesetzt worden war.

Es war Rüsttag, und der Sabbat brach an. Und die Frauen, die mit ihm aus Galiläa gekommen waren, folgten ihm. Sie sahen das Grab und sahen, wie sein Leichnam beigesetzt wurde. Dann kehrten sie heim und bereiteten wohlriechende Öle und Salben zu. Und am Sabbat ruhten sie, wie das Gesetz es vorschreibt.

Liebe Gemeinde.

Nun war Jesus also tot, nachdem er so schrecklich am Kreuz gelitten hatte; *"gestorben und begraben"*, wie es im Apostolischen Glaubensbekenntnis heisst. Im Unterschied zu gekreuzigten Verbrechern oder Rebellen, die von den römischen Soldaten einfach verscharrt wurden oder, noch schlimmer, am Kreuz hängen gelassen wurden, bis die Natur ihre Arbeit getan hatte, im Unterschied zu ihnen bekam Jesus wenigstens ein anständiges, ja gediegenes Grab: eine aus dem Felsen herausgehauene Gruft, die Joseph von Ari-

mathäa wahrscheinlich als Familiengruft geplant hatte, nun aber auch für Jesus eine Nische darin zur Verfügung stellte.
Es war ein hastiges, provisorisches Begräbnis: Der Leichnam wurde nur in ein Leinentuch eingewickelt und in die Gruft gelegt; denn der Sabbatbeginn stand unmittelbar bevor, da durfte man keinen Kontakt mit einem Toten haben. Erst nach dem Sabbat wollten die Frauen dann mit Salben zum Grab gehen, um den Leichnam Jesu, wie es der Brauch war, einzubalsamieren.
So lag Jesus im Grab. Er war tot, wirklich tot. Ich habe schon in meiner letzten Predigt gesagt, dass es innerhalb der frühen Christenheit eine Lehre gab, die behauptete, Jesus sei gar nicht wirklich gestorben, sondern habe den menschlichen Körper noch vor dem Tod verlassen und sei direkt in den Himmel aufgestiegen. Demgegenüber betonen die biblischen Texte wie das darauf aufbauende Apostolische Glaubensbekenntnis, dass Jesus tatsächlich und echt gestorben war. Er hatte das Menschsein vollständig angenommen, so hatte er auch den menschlichen Tod ganz durchgemacht und erfahren. Er hatte sich als Gottessohn so tief erniedrigt wie nur möglich: bis zum Tod.

Ja, sogar noch tiefer: *"Hinabgestiegen in das Reich des Todes"*, bekennen wir im Apostolikum. – Dies ist wohl eine der am schwersten zu verstehende Aussage dieses Textes. Was und wo ist das Reich des Todes? Und was hat Jesus dort gemacht?
Die Menschen damals hatten ein Weltbild mit drei Etagen, grob gesagt: die Erde, darüber der Himmel (oder die Himmel, denn man stellte sich die himmlische Region noch weiter unterteilt vor) und unter der Erde das Totenreich oder die Unterwelt. Wenn jemand starb, kam er in dieses Totenreich, gemäss der Vorstellung der Griechen für alle Ewigkeit, nach jüdischem Glauben bis Gott am Ende der Zeiten alle Toten auferwecken würde.
Diese Unterwelt war nicht ein wirklich schlimmer Ort, also nicht die Hölle, wie wir sie uns denken (obwohl es zur Zeit von Jesus auch die Vorstellung gab von Qualen dort, etwa in der Geschichte vom reichen Mann und vom armen Lazarus, die Sie vielleicht kennen [Lukas 16,19-31]); aber es war sicher ein trostloser Ort, denn dort waren die Menschen völlig abgeschnitten von Gott. So steht zum Beispiel in Psalm 6: *"Wende dich zu mir, o Herr, errette mein Leben. Denn im Tode gedenkt man deiner nicht; wer wird in der Unterwelt dich preisen?"* [Psalm 6,5-6].

Dies war die damalige Vorstellung. Wir haben heute natürlich ein etwas anderes Weltbild. Gemäss unseren Erkenntnissen gibt es nicht ein Totenreich unter der Erdoberfläche, auch nicht in vielen Kilometern Tiefe. Wir müssen uns deshalb dieses Reich des Todes nicht innerhalb des erfassbaren und messbaren physikalischen Raumes vorstellen, sondern in einer anderen Dimension, die jenseits unseres Verstehenshorizontes liegt (genauso wie Gott und seine Welt sich auch nicht irgendwo im Weltall befinden, sondern eben in einer anderen Dimension). Es handelt sich also um eine geistliche Welt.

In dieses anders-dimensionale Reich des Todes ging Jesus also ein, wie jeder Mensch, der stirbt. Allerdings stieg Jesus, im Unterschied zu allen anderen Verstorbenen, mit einem Auftrag in dieses Totenreich hinab. Was tat er dort? Zwei Bibelstellen im Neuen Testament, im ersten Brief des Apostels Petrus, machen Andeutungen dazu, sie sind allerdings nicht ganz einfach zu verstehen. – In 1. Petrus 3,19-20 steht: *"So ist er auch zu den Geistern im Gefängnis hinabgefahren und hat ihnen die Botschaft verkündigt, ihnen, die einst nicht hören wollten, als Gott in seiner Geduld zuwartete in den Tagen, da Noah die Arche baute."* Und in 1. Petrus 4,6 lesen wir: *"Denn dazu ist auch den Toten das Evangelium verkündigt worden, dass sie nach der Weise der Menschen gerichtet werden im Fleisch, nach der Weise Gottes aber das Leben haben im Geist."*

Was sagen uns diese Worte? Offenbar sollten die Menschen, die gestorben waren, bevor Jesus Christus gekommen war und das Heil brachte, ja sogar diejenigen, die vor Urzeiten schon gestorben waren, sie alle sollten auch noch das Evangelium von der Erlösung durch Christus hören, damit sie gerettet werden konnten. Jesus hat also nicht nur in seinen drei Jahren der Wirksamkeit auf Erden gepredigt, zur Umkehr aufgerufen und die Liebe Gottes verkündet, sondern auch noch in seinem Tod führte er diesen Auftrag weiter, indem er sich ins Totenreich begab, um zu den Seelen, die sich seit kurzer oder seit langer Zeit dort befanden, zu predigen, ihnen die gute Botschaft zu verkündigen.

Ich weiss, wir können uns diese ganze Sache nicht so recht vorstellen. Und doch, wenn ich es zumindest versuche, bekomme ich eine ganz spezifische Hoffnung in Bezug auf eine Frage, die mich (und vielleicht auch Sie) schon oft beschäftigt hat, die Frage nämlich: Was geschieht eigentlich mit den Men-

schen aus Völkern oder Ländern, die nie in ihrem Leben von Jesus Christus gehört haben und darum auch nicht zum Glauben an ihn kommen konnten? Es ist ja in keinem anderen das Heil und die Rettung zu finden als in Jesus Christus, wie Petrus vor dem Hohen Rat in Jerusalem bezeugte [Apostelgeschichte 4,12].
Ich meine nun, dass das Hinabsteigen Jesu ins Reich des Todes nicht nur den schon damals Toten zugute kam, sondern auch späteren Verstorbenen (wie ja auch Jesu Tod am Kreuz Heilskraft auch für die Zukunft, zum Beispiel für uns heute, hatte). Darum habe ich die Hoffnung, dass Menschen, die in ihrem Leben keine Gelegenheit hatten, Jesus kennen zu lernen und an ihn zu glauben, diese Gelegenheit noch nach dem Tod erhalten und so noch im Totenreich zum Glauben kommen und gerettet werden können. Gott hat auch die Toten nicht vergessen und gibt ihnen die Chance, das ewige Leben zu erhalten. – Aber wohlgemerkt: Das gilt natürlich nur für die Verstorbenen, die in ihrem Leben nichts vom Evangelium gehört haben.

Jesus Christus ist *"gestorben und begraben, hinabgestiegen in das Reich des Todes"*. Wir glauben und bekennen nun aber, dass er nicht im Totenreich und im Grab geblieben ist, sondern am dritten Tag wieder auferstand von den Toten. Doch dies wird erst im nächsten Satz des Apostolikums gesagt, und deshalb soll erst in meiner nächsten Predigt davon die Rede sein. Wir wollen jedoch diesen hoffnungsvollen Ausblick im Hinterkopf behalten, wenn ich noch kurz der Frage nachgehen möchte, was denn eigentlich mit <u>uns</u> geschieht, wenn wir sterben.
Jesus hat den Toten damals in der Unterwelt das Evangelium von der Erlösung verkündet und gab ihnen dadurch die Möglichkeit, aus dem Gefängnis des Totenreiches zum ewigen Leben befreit zu werden. Das Reich des Todes ist also nicht mehr notwendigerweise der letzte Bestimmungsort für den Menschen und endgültige Endstation. Was also geschieht mit <u>uns</u>, wenn wir sterben?
Ich kann diese Frage unmöglich umfassend beantworten; es ist auch mir zu vieles noch unbekannt. Deshalb möchte ich nur ein paar wenige Hinweise geben. Die grosse Schwierigkeit dabei besteht darin, dass sich auch in der Bibel, im Neuen Testament und unter dem Gesichtspunkt des Glaubens an Jesus Christus durchaus unterschiedliche Vorstellungen finden.

So begegnet uns in einigen Texten (etwa in den Evangelien oder in der Offenbarung) sehr wohl weiterhin die Vorstellung eines Totenreiches, wohin alle Menschen nach ihrem Tod gelangen und wo sie auf die allgemeine Auferstehung am Ende der Zeiten warten. – Andererseits spricht zum Beispiel Paulus im Philipperbrief [1,23] die Erwartung aus, dass er unmittelbar nach seinem Sterben bei Christus sein werde, also gleich durch den Tod mit Christus vereinigt würde, ohne auf eine allgemeine Auferstehung warten zu müssen.
Normalerweise versucht man, diese unterschiedlichen Vorstellungen so zusammen zu denken: Beim Sterben trennen sich unsere Seele und unser Geist (also unser eigentliches Ich) von unserem Körper und kommen direkt in die Gemeinschaft mit dem Herrn Jesus Christus und mit dem himmlischen Vater. Der Körper dagegen bleibt im Grab und zerfällt. Und erst am Ende der Zeiten, bei der allgemeinen Auferstehung der Toten erhält unser Ich einen neuen Leib, einen Auferstehungsleib.
So ungefähr müssen wir uns das vorstellen – wobei dies natürlich nur gilt für Menschen, die schon im irdischen Leben im Glauben mit Christus verbunden sind und so zu Gottes Kindern gehören. Die übrigen Menschen, die zwar das Evangelium gehört haben, aber gar nicht mit Christus vereinigt werden wollen, die kommen wohl doch zuerst in eine Totenreich-Dimension, bis sie am Schluss mit einem neuen Leib auferstehen, um vor Gottes Richterstuhl zu treten.

Es spielt also für das, was nach unserem Tod kommt, eine grosse Rolle, in welcher Beziehung wir zu Jesus Christus und durch ihn zu Gott, dem himmlischen Vater stehen. Auf jeden Fall aber gilt: Der Tod ist nicht das endgültige Ende von allem Leben. Jesus Christus, der Gottessohn, ist selber ins Reich des Todes hinabgestiegen und hat so bezeugt, dass Gott auch die Toten nicht vergessen hat, sondern sie daraus herausholen will und ihnen die Chance zu einem ewigen Leben in der Gemeinschaft mit ihm gibt. Diese Hoffnung und Zuversicht soll unser ganzes irdisches Leben prägen.

A M E N

8. Jesus Christus – auferstanden von den Toten

Predigt über 1. Korinther 15,14+20

(15. Februar 2009)

Schriftlesungen:

Matthäus 27,57 – 28,8

Als es aber Abend wurde, kam ein reicher Mann von Arimathäa mit Namen Josef, der selbst auch ein Jünger Jesu geworden war. Der ging zu Pilatus und bat um den Leichnam Jesu. Da befahl Pilatus, dass er ihm gegeben werde. Und Josef nahm den Leichnam, wickelte ihn in ein reines Leinentuch und legte ihn in ein neues Grab, das er für sich in den Felsen hatte hauen lassen, wälzte einen grossen Stein vor den Eingang des Grabes und entfernte sich. Es waren dort Maria aus Magdala und die andere Maria; die sassen dem Grab gegenüber.
Am nächsten Tag nun, dem Tag nach dem Rüsttag, versammelten sich die Hohen Priester und die Pharisäer bei Pilatus und sagten: "Herr, wir haben uns erinnert, dass jener Betrüger, als er noch lebte, gesagt hat: «Nach drei Tagen werde ich auferweckt.» Befiehl also, dass das Grab bewacht werde bis zum dritten Tag, damit nicht seine Jünger kommen und ihn stehlen und dem Volk sagen: «Er ist von den Toten auferweckt worden.» Der letzte Betrug wäre dann schlimmer als der erste." Da sagte Pilatus zu ihnen: "Ihr sollt eine Wache haben! Geht und bewacht es, so gut ihr könnt." Sie gingen, versiegelten den Stein und sicherten das Grab mit einer Wache.
Nach dem Sabbat aber, beim Anbruch des ersten Wochentages, kamen Maria aus Magdala und die andere Maria, um nach dem Grab zu sehen. Und siehe da: Es gab ein starkes Erdbeben, denn ein Engel des Herrn stieg vom Himmel herab, kam und wälzte den Stein weg und setzte sich darauf. Seine Erscheinung war wie ein Blitz und sein Gewand weiss wie Schnee. Die Wächter zitterten vor Angst und erstarrten. Der Engel aber sagte zu den Frauen: "Fürchtet euch nicht! Denn ich weiss, ihr sucht Jesus, den Gekreuzigten. Er ist nicht hier, denn er ist auferweckt worden, wie er gesagt hat. Kommt, seht die Stelle, wo er gelegen hat. Und macht euch eilends auf den Weg und sagt seinen Jüngern, dass er von den Toten auferweckt worden ist; und jetzt geht er euch voraus nach Galiläa, dort werdet ihr ihn sehen. Ich habe es euch gesagt." Und sie gingen eilends weg vom Grab voller Furcht und mit grosser Freude und liefen, um es seinen Jüngern zu berichten.

1. Korinther 15,3-7

Denn ich habe euch vor allen Dingen weitergegeben, was auch ich empfangen habe: dass Christus gestorben ist für unsere Sünden gemäss den Schriften, dass er begraben wurde, dass er am dritten Tage auferweckt worden ist gemäss den Schriften und dass er Petrus erschien und dann den Zwölfen. Danach erschien er mehr als fünfhundert Brüdern auf einmal, von denen die meisten noch leben, einige aber entschlafen sind. Danach erschien er dem Jakobus, dann allen Aposteln.

Liebe Gemeinde.

"Am dritten Tage auferstanden von den Toten" – nur ein kurzer halber Satz im Apostolischen Glaubensbekenntnis, aber einer von entscheidender Bedeutung. Denn für den christlichen Glauben und für die Kirche ist die Auferstehung Jesu konstituierend, grundlegend. In 1. Korinther 15, aus dem wir einige Verse vom Anfang gehört haben, schreibt Paulus dann etwas später: *"Ist aber Christus nicht auferweckt worden, so ist unsere Predigt leer, leer auch euer Glaube"* [1. Korinther 15,14]. Jesus Christus ist am Kreuz gestorben, für uns gestorben und anschliessend vom Tod wieder auferstanden; ohne diese beiden Tatsachen gäbe es kein Christentum.

Doch während der Kreuzestod Jesu in breiten Kreisen als Fakt anerkannt wird, ist das bei seiner Auferstehung nicht der Fall. Dass Jesus gelebt hat und hingerichtet wurde, das wird kein aufrichtiger Historiker leugnen können. Denn dafür gibt es genügend historische Quellen, und zwar gerade auch ausserchristliche. Bei der Auferstehung dagegen ist die Sachlage viel schwieriger. Da gibt es tatsächlich keine unzweifelhaften historischen Beweise, auch keine neutralen schriftlichen Quellen, sondern nur solche von Glaubenszeugen, also gewissermassen von voreingenommenen Personen. Zudem handelt es sich bei der Auferstehung um etwas, das eigentlich unmöglich ist, weil es die Gesetzmässigkeiten unserer Welt durchbricht.

So wird die Glaubensaussage, Jesus sei *"am dritten Tage auferstanden von den Toten"* nicht nur von allen Nichtchristen abgelehnt, sondern sie ist auch innerhalb der christlichen Kirche selbst durchaus umstritten. Die liberale, historisch-kritische Theologie, Ende 19., anfangs 20. Jahrhundert, betrachtete die Auferstehung Jesu nicht als Tatsache, sondern als Mythos. – Der Theologe Rudolf Bultmann versuchte sie dann in den 1920-er-Jahren umzudeuten (weil auch er kein übernatürliches Wunder akzeptieren konnte) und sagte: Jesus sei zwar schon auferstanden, aber nicht körperlich, sondern nur geistlich; er sei im Kerygma, in der Verkündigung der christlichen Gemeinde auferstanden, sein Leichnam dagegen sei im Grab geblieben und dort verwest (womit Bultmann natürlich alle neutestamentlichen Berichte vom leeren Grab, auf das ich noch zu sprechen komme, als Lüge bezeichnet). – Und vor knapp zehn Jahren wurde der deutsche Theologe Gerd Lüdemann von seinem Universitäts-Lehrstuhl abgesetzt, weil er die Auferstehung Jesu überhaupt leugnete und sich selber, konsequenterweise, nicht mehr als Christen bezeichnete.

Ich meine, dies ist zu Recht geschehen. Denn wenn Jesus nicht auferstanden ist, und zwar körperlich auferstanden ist, kann das Christentum zusammenpacken. Der Glaube an Jesus Christus macht ja nur dann einen Sinn, wenn dieser als Gottessohn lebendig ist, also nicht tot geblieben ist. Zudem hätte sein Tod am Kreuz keine Bedeutung und keine Auswirkungen, wenn Jesus nur hingerichtet worden und dann im Grab vermodert wäre. Erst durch die Auferstehung oder besser gesagt: die Auferweckung (denn sie geschah ja nicht aus Jesu eigener Kraft heraus, sondern war ein Akt Gottes), erst durch die Auferweckung Jesu wurde von Gott bezeugt und bekräftigt, dass dieser hingerichtete und gestorbene Jesus wirklich der Christus ist, der Erlöser, der Gottessohn, der stellvertretend für uns gestorben ist. – Darum nochmals: *"Ist aber Christus nicht auferweckt worden, so ist unsere Predigt leer, leer auch euer Glaube."*

"Nun aber <u>ist</u> Christus von den Toten auferweckt worden", schreibt Paulus weiter [1. Korinther 15,20]. Darauf gründen auch wir unseren Glauben. Aber zugegeben: Es ist wirklich eine Glaubensaussage, denn es gibt keine hieb- und stichfesten wissenschaftlichen, historischen Beweise dafür. Aber es gibt doch einige sehr starke Indizien und Belege dafür, dass die Auferstehung Jesu Christi von den Toten keine Erfindung der Christen, sondern eine Tatsache ist. – Diese Indizien möchte ich Ihnen kurz darlegen.

Ein erster wichtiger Beleg ist das leere Grab. Nach allen biblischen Berichten war das Grab, in das Jesus nach seinem Tod am Kreuz hineingelegt wurde und das durch einen schweren Stein verschlossen wurde, zwei Tage später leer. – Manche findige Köpfe (wenn sie nicht, wie Bultmann und andere,

gleich von Anfang an behaupten, das Grab sei gar nicht leer gewesen) haben nach natürlichen Erklärungen dafür gesucht, um ja nicht an die Auferstehung glauben zu müssen; aber diese überzeugen nicht wirklich.
Eine lautet: "Jesus war gar nicht wirklich tot; er war nur scheintot, hat sich im Grab wieder erholt und hat dieses dann von sich aus verlassen." – Ich meine, das ist sehr unwahrscheinlich, denn die römischen Soldaten wussten damals sehr gut, wenn jemand tot war; nach dem Johannes-Evangelium machte einer von ihnen sogar die Probe mit dem Lanzenstich. Zudem kann ich mir nicht vorstellen, dass ein nicht ganz toter Jesus nach aller Folter die Kraft gehabt hätte, den Stein vor dem Grab selber wegzurollen.
Eine andere natürliche Erklärung: "Die Jünger haben den Leichnam gestohlen." – Diese Ansicht verbreitete sich schon früh. Doch wie soll das zugegangen sein? Das Grab war scharf bewacht (wir haben es in der Lesung aus dem Matthäus-Evangelium gehört). Zudem berichtet Matthäus etwas später ausdrücklich davon, dass diese Behauptung von den Gegnern Jesu bewusst verbreitet wurde und den Wachsoldaten sogar noch Geld dafür bezahlt wurde, damit sie diese Falschaussage weitererzählten [Matthäus 28,11-15]. Und überhaupt: Wären die Jünger wohl bereit gewesen, später Gefängnis, Verfolgung und Tod auf sich zu nehmen für etwas, von dem sie wussten, dass es ein Betrug war?
Eine dritte Möglichkeit: "Die Römer selber haben den Leichnam entfernt." – Das ist völlig unwahrscheinlich, denn dann hätten sie ja die Leiche problemlos vorführen können, um alle Spekulationen zu beenden.
Schliesslich habe ich auch schon die Behauptung gehört: "Die Frauen, die nach dem Sabbat den Leichnam Jesu einbalsamieren wollten, haben sich geirrt und sind zum falschen Grab gegangen." – Auch das ist doch ziemlich an den Haaren herbeigezogen. Immerhin waren die Frauen bei der Grablegung Jesu dabei, sie sassen sogar noch eine Weile beim Grab. Da ist es recht unwahrscheinlich, auch wenn sie durch die Ereignisse aufgewühlt waren, dass sie sich alle gleich so geirrt und das richtige Grab nicht mehr gefunden hätten.
Nein, letztlich bleibt als einzige logische Erklärung für das leere Grab: Jesus ist tatsächlich vom Tod auferweckt worden, wieder lebendig geworden und hat auf übernatürliche Weise das Grab verlassen.

Ein weiterer Beleg für die Auferstehung Jesu besteht darin, dass die Jünger und viele andere Menschen ihn wieder lebendig umhergehen sahen. Das waren sicher keine Halluzinationen, denn die Jünger waren nicht Menschen, die zu Halluzinationen neigten, besonders nicht ein Zweifler wie Thomas. Es ist auch höchst unwahrscheinlich, dass bei über zehn verschiedenen Gelegenheiten mehrere Personen (einmal sogar mehr als 500 auf einmal, wie wir in der Lesung gehört haben), dass diese alle gleichzeitig die gleiche Halluzination gehabt hätten. Zudem war Jesus offenbar real gegenwärtig: Er ass und trank mit den Jüngern, er liess sich berühren.
Wichtig dünkt mich auch, dass die Auswirkungen dieses Geschehens enorm waren: Die Jünger, die sich verängstigt zurückgezogen hatten, traten nachher vollmächtig und furchtlos auf. Innert weniger Jahrzehnte entstand eine gewaltige Bewegung, die sich in der ganzen Welt des Mittelmeerraums ausbreitete. Und diese Gläubigen waren bereit, für ihren Glauben alles einzusetzen, sogar ihr Leben. Es muss also etwas Gewaltiges passiert sein; all das kann nicht auf Lüge und Betrug oder auf kollektiver Verblendung aufgebaut sein, sonst wäre es schon längst zusammengebrochen.
Schliesslich haben seither bis heute Millionen von Menschen Jesus als lebendig erfahren und eine Beziehung zu ihm gefunden, auch wenn sie ihn nicht sehen und berühren können wie die Jünger damals. Ihre Erfahrung ist ein weiteres starkes Indiz dafür, dass die Aussage: "Jesus ist *am dritten Tage auferstanden von den Toten* ", wahr sein muss.

Und da, nach diesem längeren apologetischen, d.h. den Glauben verteidigenden Ausflug in die Geschichte, da werden nun auch wir heute ins Geschehen einbezogen. Die Frage stellt sich nämlich: Wie stehen wir selber zur Auferstehung von Jesus Christus? Welche Bedeutung hat sie für uns, für unser Glauben und unser Leben? – Ich habe es bereits gesagt: Für den christlichen Glauben an sich ist es grundlegend, dass Jesus nicht im Grab geblieben, nicht tot geblieben ist. Der Tausch am Kreuz, von dem ich das vorletzte Mal gesprochen habe (Jesus wurde zur Sünde gemacht, damit wir die Gerechtigkeit werden; er nahm unsere Schuld auf sich, damit wir seine Unschuld bekommen; er trug unsere Strafe, damit wir Vergebung in Anspruch nehmen können; er nahm unsere Krankheiten auf sich, damit wir seine Heilung erhalten; er wurde arm, damit wir reich werden; er starb, damit wir das ewige Leben haben; er wurde zum Fluch gemacht, damit uns umfassender Segen zuteil wird), dieser Tausch am Kreuz kann nur dann Gültigkeit haben, wenn er von Gott selber beglaubigt wird. Und genau das hat Gott getan, als er den hingerichteten Jesus zu neuem Leben auferweckte.

So empfangen wir persönlich alle diese Segnungen, indem wir glauben und bekennen: "Jesus starb nicht nur für mich, für meine Schuld usw., er ist wieder auferstanden, er lebt auch jetzt, und ich kann eine Beziehung mit ihm haben." – Ist das nicht gewaltig? Wir verkündigen und verehren nicht einen verstorbenen und schon lange verwesten Heiligen oder Meister, sondern wir haben einen lebendigen Herrn, einen Erlöser und Heiland, den wir zwar mit unseren natürlichen Augen nicht sehen können, der aber doch lebt, heute lebt und bei uns ist. Mit ihm dürfen wir ganz eng verbunden sein und so selber ebenfalls das ewige Leben erfahren. Denn so wie Jesus schon auferstanden ist, werden auch wir einmal aus dem irdischen Tod auferstehen zum Leben in Ewigkeit.

Es ist also entscheidend wichtig, dass wir uns nicht irremachen lassen von der innerweltlichen, naturwissenschaftlichen Unmöglichkeit dieses Geschehens, sondern unseren Verstehenshorizont erweitern für die göttliche Dimension und von ganzem Herzen bekennen können: "Ich glaube an Jesus Christus, *am dritten Tage auferstanden von den Toten* ".

A M E N

9. Jesus Christus – sitzend zur Rechten Gottes

Predigt über Apostelgeschichte 2,32-36

(22. Februar 2009)

Schriftlesungen:

Lukas 24,44-52

Jesus sprach zu ihnen: "Das sind die Worte, die ich zu euch gesagt habe, als ich noch bei euch war: Alles muss in Erfüllung gehen, was im Gesetz des Mose, bei den Propheten und in den Psalmen über mich gesagt ist." Darauf öffnete er ihnen die Augen für das Verständnis der Schrift. Er sagte zu ihnen: "So steht es in der Schrift: Der Messias wird leiden und am dritten Tag von den Toten auferstehen, und in seinem Namen wird man allen Völkern, angefangen in Jerusalem, verkünden, sie sollen umkehren, damit ihre Sünden vergeben werden. Ihr seid Zeugen dafür. Und ich werde die Gabe, die mein Vater verheissen hat, zu euch herabsenden. Bleibt in der Stadt, bis ihr mit der Kraft aus der Höhe erfüllt werdet."
Dann führte er sie hinaus in die Nähe von Bethanien. Dort erhob er seine Hände und segnete sie. Und während er sie segnete, verliess er sie und wurde zum Himmel emporgehoben; sie aber fielen vor ihm nieder. Dann kehrten sie in grosser Freude nach Jerusalem zurück.

Apostelgeschichte 2,32-36

Diesen Jesus hat Gott auferweckt, dafür sind wir alle Zeugen. Nachdem er durch die rechte Hand Gottes erhöht worden war und vom Vater den verheissenen Heiligen Geist empfangen hatte, hat er ihn ausgegossen, wie ihr seht und hört. David ist nicht zum Himmel aufgestiegen; vielmehr sagt er selbst: "Es sprach der Herr zu meinem Herrn: Setze dich mir zur Rechten, und ich lege dir deine Feinde als Schemel unter die Füsse." – Mit Gewissheit erkenne also das ganze Haus Israel: Gott hat ihn zum Herrn und Messias gemacht, diesen Jesus, den ihr gekreuzigt habt.

Philipper 2,5-11

Seid untereinander so gesinnt, wie es dem Leben in Christus Jesus entspricht:
Er war Gott gleich, hielt aber nicht daran fest, wie Gott zu sein, sondern er entäusserte sich und wurde wie ein Sklave und den Menschen gleich. Sein

Leben war das eines Menschen; er erniedrigte sich und war gehorsam bis zum Tod, bis zum Tod am Kreuz.
Darum hat ihn Gott über alle erhöht und ihm den Namen verliehen, der grösser ist als alle Namen, damit alle im Himmel, auf der Erde und unter der Erde ihre Knie beugen vor dem Namen Jesu und jeder Mund bekennt: "Jesus Christus ist der Herr!", zur Ehre Gottes, des Vaters.

Liebe Gemeinde.
Wenn früher ein König den Thron bestieg, war das meist ein grosses Fest, bei dem der Monarch feierlich in sein Amt eingesetzt wurde und die Massen ihm zujubelten. Ganz Ähnliches geschieht heutzutage zum Beispiel bei der Inauguration des amerikanischen Präsidenten. Diejenige von Barack Obama vor einem Monat war ja geradezu ein Anlass der Superlative: Über zwei Millionen Menschen nahmen daran teil, die halbe Welt schaute und hörte zu; eine Riesensache!
Aber haben Sie gewusst, dass vor knapp 2000 Jahren ein ähnliches Ereignis von noch gewaltigerem Ausmass stattfand? Damals wurde es zwar nur von wenigen, vielleicht zwei Dutzend Menschen bemerkt; es erschien in keinen Zeitungen. Und doch hatte es ungeheure weltweite Auswirkungen, bis heute. Ich spreche von der Thronbesteigung von Jesus Christus im Himmel. *"Aufgefahren in den Himmel; er sitzt zur Rechten Gottes, des allmächtigen Vaters"*, wie es im Apostolischen Glaubensbekenntnis formuliert ist.
Betrachten wir kurz den Weg dorthin: Jesus Christus starb am Kreuz, er stieg hinunter ins Totenreich, dann wurde er wieder auferweckt aus dem Tod und fuhr schliesslich in den Himmel hinauf, er wurde erhöht.
Diese Stationen des Weges finden wir im Apostolikum wie auch im Text aus dem Philipperbrief. Und auch wenn wir uns den Vorgang der Himmelfahrt nicht recht vorstellen können (der Evangelist Lukas kann ihn ja auch nicht recht beschreiben), so ist doch die Bedeutung davon klar: Jesus Christus ist nicht mehr auf der Erde, sondern im Himmel, das heisst: in der Welt, in der Dimension Gottes.
Er ist nicht mehr hier; er hat unsere Welt, unseren Raum, unsere Zeit verlassen. Trotzdem sprechen wir davon, dass Jesus bei uns ist, in jedem Moment, in jeder Situation. Und dies stimmt auch wirklich, aber nur in einem ganz bestimmten Sinn: Er ist zwar nicht mehr körperlich da bei uns auf der Erde,

sichtbar und betastbar, aber unsichtbar sehr wohl, nämlich in seinem Geist. Petrus sprach in seiner Pfingstpredigt davon, dass Jesus den Heiligen Geist zu uns sandte. Und durch diesen Heiligen Geist ist er bei uns gegenwärtig, auch hier und heute. Er selber als ganze Person jedoch ist im Himmel, nicht mehr auf der Erde. – Dies ist wichtig. Denn nur wenn er nicht mehr körperlich auf der Erde lebt, kann er im Geist gleichzeitig bei allen Menschen dieser Welt sein, ohne die Beschränkungen von Raum und Zeit. Das ist die grosse Bedeutung der Himmelfahrt von Jesus Christus; *"aufgefahren in den Himmel"*.

Was tut Jesus seither im Himmel? *"Er sitzt zur Rechten Gottes, des allmächtigen Vaters."* Damit ist natürlich nicht gemeint, dass er sich zurückgezogen und zur Ruhe gesetzt hätte und es sich im Lehnstuhl bequem gemacht hätte. Nein, Jesus sitzt auf einem Thron. – Der Platz zur Rechten, an der rechten Seite eines Herrschers oder Königs war und ist in vielen Kulturen der Platz für den, der gleich nach dem König kommt, für den Stellvertreter des Königs, dem praktisch die gleiche Autorität gegeben ist.
Wenn Jesus Christus nun also zur Rechten Gottes sitzt, bedeutet das: Mit der gleichen Macht wie Gott selber, der ja der König aller Könige und der Herr über die ganze Welt schlechthin ist (*"allmächtig"* wird er im Apostolischen Glaubensbekenntnis genannt), mit der gleichen Macht regiert auch Jesus. Durch die Himmelfahrt hat er seine Herrschaft angetreten und übt sie seither aus. *"Jesus Christus herrscht als König"*, werden wir heute noch singen. Und als diesen König wollen auch wir ihn bekennen, ehren und preisen.
Allerdings taucht da schnell die kritische Bemerkung und Frage auf: "Wir sehen und erfahren aber so wenig von dieser Herrschaft. Im Himmel mag er ja herrschen und König über die Engel dort sein, aber auf der Erde merkt man nicht gerade viel davon. Da herrschen doch vielmehr Hass, Gewalt, Krieg, Hunger, Unrecht, Lüge, Geldgier, Egoismus und, was es sonst an Schlechtem so gibt; alles Dinge, die wir nicht dem Charakter Jesu zuschreiben, im Gegenteil. Wie steht es also mit dieser Herrschaft von Jesus Christus, wenn wir in der Welt jeden Tag so viel Böses erleben?"
Das ist tatsächlich ein Dilemma, in dem wir als Gläubige drin stecken. Die Bibel lehrt uns allerdings, dass wir diese Herrschaft Jesu im Spannungsfeld zwischen "schon" und "noch nicht" betrachten und verstehen müssen. –

Christus hat die Herrschaft tatsächlich schon angetreten; er wurde schon auf den Thron zur Rechten des himmlischen Vaters erhöht. Und er regiert, schon jetzt. Der Teufel, das Böse wurde schon grundlegend besiegt; das Reich Gottes ist schon gekommen, ist schon angebrochen.
Aber – noch nicht in seiner Vollständigkeit und Vollkommenheit. Im Himmel, in der Dimension Gottes ist der Fall klar; aber auf der Erde noch nicht. Da wird die Herrschaft Christi, sein Königtum noch längst nicht überall anerkannt; da können noch manche widergöttlichen Mächte teilweise recht stark wirken und sich entfalten. Irgendwann einmal (wahrscheinlich in nicht mehr allzu weiter Ferne) wird sich jedes Knie beugen und jeder Mund bekennen müssen, dass Jesus Christus der Herr ist (wie Paulus im Philipperbrief schrieb), aber jetzt ist es noch nicht so weit.
Zurzeit kann Christus hier auf Erden nur dort seine Königsherrschaft ausüben, wo Menschen ihn im Glauben als Herrn und König anerkennen und bekennen. Auf seine vollkommene, umfassende Herrschaft warten wir jedoch nach wie vor, wartet die ganze Schöpfung sehnsüchtig.

Auf diejenigen aber, die Christus als Herrn und Meister anerkennen und an ihn glauben, hat es sehr wohl grosse Auswirkungen, dass er jetzt zur Rechten Gottes auf dem Thron sitzt und regiert. Es sind Konsequenzen in zweierlei Hinsicht:
Erstens dürfen wir gewiss sein: Jesus Christus hat als König uns persönlich und unser Leben ganz in seiner guten und starken Hand. Er ist unser Herr, deshalb müssen wir nicht mehr unter der Herrschaft von irgendwelchen anderen Personen oder Mächten stehen. Ideologien irgendwelcher Art, Süchte, Gewalt, Ängste, Stress, Mangel, böse Mächte, Sünden, Not und Leiden usw. können nicht mehr über uns bestimmen und unser Leben beherrschen. Sie sind alle entmachtet und ohne Kraft, denn wir stehen unter der Herrschaft des höchsten Königs Jesus Christus, der zutiefst ein König der Liebe, des Friedens und der Gerechtigkeit ist. – Das ist wirklich eine frohe und tröstliche Botschaft, die uns in eine grosse Freiheit und Gelassenheit hineinführt. Wir müssen uns vor nichts mehr fürchten, denn unser grosser Herr beschützt uns.
Allerdings müssen wir uns dabei bewusst sein: Jesus kann seine Herrschaft nur ausüben in denjenigen Bereichen unseres Lebens, die wir ihm bewusst

übergeben und unterstellt haben; in den anderen nicht. – Das grösste Hindernis, das sich der Herrschaft und dem Wirken Jesu entgegenstellen kann, ist nämlich unser eigenes Ich, wenn es selber herrschen will, wenn es selber über das Leben oder einzelne Lebensbereiche bestimmen will, wenn es selber auf dem Thron sitzen will. Da kann und will Jesus nicht als König wirken. Darum ist es so wichtig, dass wir uns immer wieder prüfen und dass wir bewusst alle Bereiche und Teile unseres Lebens und Wesens an Jesus Christus übergeben, unter seine Herrschaft stellen, damit wirklich er (und nicht mehr wir selber) darüber bestimmen und darin regieren kann; er macht es sowieso viel besser, als wir es würden.

Das Spannungsfeld zwischen "schon" und "noch nicht", dass also Jesus Christus die Herrschaft schon angetreten hat, aber noch nicht in ihrer Vollkommenheit ausübt, dies hat noch eine weitere Konsequenz, die uns betrifft: Auch wenn es nicht immer den Anschein macht, herrscht nämlich Jesus sehr wohl schon jetzt auch auf der Erde – aber meist nicht unmittelbar und direkt, sondern mittels derjenigen Menschen, die seine Herrschaft bereits anerkannt haben, also durch die, die an ihn glauben, durch uns.

Sind wir uns dessen bewusst, welch grosse Würde, aber auch Verantwortung wir dadurch haben? Es gibt das geflügelte Wort: *"Christus hat keine Hände, nur unsere Hände."* Wir sind sein Werkzeug, gewissermassen sein verlängerter Arm in dieser Welt. Er will durch uns hindurch wirken und regieren auf der Erde. – Natürlich könnte er auch alles souverän und direkt auf wunderhafte Weise tun (und manchmal macht er es ja auch so). Aber offensichtlich hat er sich entschieden, in dieser Zeit, in der sein Reich noch nicht umfassend da ist, in den meisten Fällen seine Nachfolger, sein Volk, seine Kirche und damit auch uns zu gebrauchen.

Schon als Jesus noch auf der Erde lebte, machte er es so. Im 9. Kapitel berichtet der Evangelist Lukas: *"Er rief aber die Zwölf zusammen und gab ihnen Vollmacht und Autorität über alle Dämonen und zur Heilung von Krankheiten; und er sandte sie aus, das Reich Gottes zu predigen und zu heilen."* [Lukas 9,1-2] – Jetzt, wo sich Jesus nicht mehr auf der Erde, sondern im Himmel befindet, ist das erst recht seine häufigste Methode, um seine Herrschaft auf Erden auszuüben: Er hat uns, seinen Jüngerinnen und Jüngern, Vollmacht und Autorität gegeben, um in seinem Auftrag und an seiner Stelle zu wirken,

Einfluss zu haben, zu regieren in den verschiedensten Bereichen dieser Welt. Wir alle sind *"Botschafter an Christi statt"* [2. Korinther 5,20], wir sind seine Beauftragten, wir sind die Stellvertreter Christi auf Erden; das ist nämlich längst nicht nur der Papst, sondern jeder Gläubige, der sein Leben Christus übergeben hat. – Das ist doch wahrhaftig eine hohe Berufung und ein grosser Auftrag! Und wenn wir davor Angst bekommen, dürfen wir wissen: Zum Glück müssen wir ihn nicht aus uns selbst, aus unseren eigenen Möglichkeiten heraus erfüllen, sondern dürfen mit der Hilfe und Kraft von Jesus selber rechnen, die er uns durch seinen Heiligen Geist zukommen lässt.

So bekennen und bezeugen wir Jesus Christus als den König der Könige und Herrn der Herren; wir unterstellen uns (das ist immer wieder neu nötig) seiner Herrschaft; und wir werden dadurch zu seinen Mitregenten hier auf Erden berufen und gemacht – bis zu dem Tag, an dem Jesus Christus von seinem Thron im Himmel nochmals auf die Erde herabkommt und seine Königsherrschaft vollständig aufrichtet, so dass sein Reich Himmel und Erde ganz umfasst bis in alle Ewigkeit.

AMEN

10. Jesus Christus – Wiederkunft und Jüngstes Gericht

Predigt zum Advent über Markus 13,26 & Offenbarung 20,11-15

(7. Dezember 2008)

<u>**Schriftlesungen**</u>:

Markus 13,24-27

Aber in jenen Tagen, nach jener Bedrängnis, wird die Sonne sich verfinstern, und der Mond seinen Schein nicht geben, und die Sterne werden vom Himmel fallen, und die Mächte im Himmel werden erschüttert werden.
Und dann werden sie den Menschensohn auf den Wolken kommen sehen mit grosser Macht und Herrlichkeit. Und dann wird er die Engel aussenden und die Erwählten zusammenführen von den vier Winden her, vom Ende der Erde bis zum Ende des Himmels.

Matthäus 25,31-32

Wenn aber der Menschensohn in seiner Herrlichkeit kommt und alle Engel mit ihm, dann wird er sich auf den Thron seiner Herrlichkeit setzen. Und alle Völker werden sich vor ihm versammeln, und er wird sie voneinander scheiden, wie der Hirt die Schafe von den Böcken scheidet.

Offenbarung 20,11-15

Und ich sah einen grossen, weissen Thron und den, der darauf sass. Vor dessen Angesicht flohen Erde und Himmel, und es fand sich kein Ort für sie. Und ich sah die Toten, die Grossen und die Kleinen, vor dem Thron stehen. Da wurden Bücher aufgeschlagen, und noch ein Buch wurde aufgetan: das Buch des Lebens. Und die Toten wurden gerichtet aufgrund dessen, was in den Büchern geschrieben stand, nach ihren Taten.
Und das Meer gab seine Toten her, und der Tod und die Unterwelt gaben ihre Toten her, und sie wurden gerichtet, jeder nach seinen Taten. Und der Tod und die Unterwelt wurden in den Feuersee geworfen. Das ist der zweite Tod: der Feuersee. Und wer sich nicht aufgeschrieben fand im Buch des Lebens, der wurde in den Feuersee geworfen.

Im 19. Jahrhundert trat während einer Sitzung des Parlaments in einem amerikanischen Bundesstaat eine Sonnenfinsternis ein, und eine Panikstimmung drohte auszubrechen; man meinte, jetzt sei der Jüngste Tag gekommen. Da gab der gerade redende Delegierte zu bedenken: "Meine Herren Abgeordnete. Es gibt jetzt nur zwei Fragen mit dem gleichen Resultat: Entweder der Herr kommt tatsächlich, dann soll er uns bei der Arbeit finden; oder er kommt nicht, dann besteht kein Grund, unsere Arbeit zu unterbrechen."
"Von dort wird er kommen, zu richten die Lebenden und die Toten." Das die Aussage des Apostolischen Glaubensbekenntnisses.

Liebe Gemeinde.
Die Wiederkunft Jesu und das Jüngste Gericht – ein nicht gerade einfaches Thema. Und doch gehört es in die gegenwärtige Adventszeit hinein und passt durchaus auch in die Zeit, die unsere Gesellschaft gerade durchlebt. – Im Advent warten wir auf das Kommen von Jesus Christus; aber eben nicht nur im Blick auf Weihnachten, sondern auch im Blick auf das Ende der Zeiten.
Sowohl die Bibel wie die christliche Tradition (so auch das Apostolische Glaubensbekenntnis, mit dem wir uns beschäftigen) sprechen davon, dass Jesus Christus, der Sohn Gottes, der Heiland und Retter, zweimal auf die Erde kommt: Das erste Mal ist er schon gekommen, damals an Weihnachten vor gut 2000 Jahren, geboren als kleines Kind in einem Stall bei Bethlehem, unscheinbar und verborgen, nur von wenigen erkannt, in Niedrigkeit und Menschlichkeit. – Jesus lebte dann als Mensch, starb am Kreuz, auferstand wieder von den Toten und ging in den Himmel ein, wo er zusammen mit dem Vater die Herrschaft ausübt (dies auch die Stationen im Apostolischen Glaubensbekenntnis).
Von dort aber, vom Himmel, wird er irgendwann ein zweites Mal auf die Erde kommen; dann aber nicht mehr unscheinbar und in der Verborgenheit, sondern für alle sichtbar und erkennbar, nicht mehr in menschlicher Niedrigkeit, sondern in göttlicher Herrlichkeit. *"Dann werden sie den Menschensohn auf den Wolken kommen sehen mit grosser Macht und Herrlichkeit"*, haben wir in der Lesung aus Markus 13 gehört. – Dieses zweite Kommen Jesu, die Wiederkunft Jesu (oder Parusie, wie sie mit einem Fremdwort bezeichnet wird) soll uns immer und gerade in der Adventszeit auch bewusst sein und bleiben.

Wir erinnern uns an das Kommen Jesu Christi in der Vergangenheit und wir warten auf sein Kommen in der Zukunft.
Ob dies allerdings in naher oder in ferner Zukunft geschehen wird, das ist die grosse Frage, die die Christen immer umgetrieben hat. Es gibt in der Bibel einige Hinweise darauf, dass die frühen Christen diese Wiederkunft Jesu schon sehr bald, ja noch zu ihren Lebzeiten erwarteten. Es gibt aber auch Hinweise in den neutestamentlichen Texten, die zeigen, dass es offenbar gar nicht so einfach war zu verstehen und zu akzeptieren, dass es vielleicht doch länger dauern könnte. Und heute, bald 2000 Jahre später, warten wir ja immer noch darauf.
Immer wieder haben Leute denn auch versucht, mithilfe biblischer Zahlen und weiterer Angaben zu berechnen, wann diese Wiederkunft Jesu stattfinden könnte. Alle möglichen Jahreszahlen wurden da im Lauf der Jahrhunderte schon genannt; keine war bis jetzt richtig. – Was eigentlich auch nicht erstaunlich ist. Denn Jesus selber betonte, es sei nicht voraussehbar und -berechenbar, sondern er werde kommen wie ein Dieb, zu einer Stunde, da wir es nicht erwarten [vgl. Lukas 12,40].
Wir können es also wirklich nicht wissen. Es kann morgen geschehen oder erst in weiteren 2000 Jahren (allerdings vermute ich persönlich doch, dass es nicht mehr ganz so lange dauern wird, aber das ist nur eine Vermutung). – Doch dass Jesus Christus einmal wiederkommen wird, das steht fest und ist gewiss. Deshalb (auch dazu werden wir von Jesus selber mehrmals aufgerufen), deshalb sollen wir wachsam sein. Die Wiederkunft Jesu kann jederzeit vor der Tür stehen. Wir sollen bereit sein dafür.

Denn Jesus wird nicht einfach zum Spass kommen, um sich wieder einmal auf der Erde umzusehen oder für irgendeine tolle Party. Nein, er kommt zum Gericht. *"Von dort wird er kommen, zu richten die Lebenden und die Toten"*, heisst es ja im Apostolischen Glaubensbekenntnis. Jesus Christus wird kommen, um zu richten. Das ist eine Bekenntnisaussage, die vielen Menschen grosse Mühe macht und die deshalb oft (auch in christlichen und kirchlichen Kreisen) aus dem Bewusstsein verdrängt wird. – Mit der Wiederkunft Jesu kommt auch das Gericht, das so genannte 'Jüngste Gericht', weil es am Ende der Zeiten steht und also das letzte, das jüngste ist.
Wir alle haben Vorstellungen und Bilder dieses Jüngsten Gerichts in uns drin,

Vorstellungen, die geprägt sind von der mittelalterlichen kirchlichen Kunst (zum Beispiel von einem romanischen Tympanon) oder von Gemälden von Künstlern wie Hieronymus Bosch und anderen. Es sind in der Regel schreckliche, Furcht erregende Bilder von einem strengen göttlichen Richter, der einige der gerichteten Seelen zwar ins Paradies einlässt, viele andere aber in den Höllenschlund hinabstösst, wo sie den schrecklichsten Qualen ausgeliefert sind.
Diese Vorstellungen haben zwar durchaus biblische Hintergründe (zum Beispiel den Text aus Offenbarung 20, den wir gehört haben), und doch bringen sie nicht das wirklich zum Ausdruck, was uns mit der Ankündigung dieses letzten Gerichts gesagt werden soll.
Die Botschaft von der Wiederkunft Jesu zum Gericht will uns nämlich nicht in erster Linie in Angst und Schrecken versetzen und uns zu irgendwelchen fast magischen Schutzhandlungen verleiten, wie sie (wenn auch weniger in der reformierten Kirche) da und dort vorkommen. Das ist nicht der Sinn. Aber sie will uns doch die Ernsthaftigkeit unseres Lebens und die Tragweite unseres Handelns und Verhaltens bewusst machen.
Alles, was wir tun oder nicht tun, was wir sagen oder nicht sagen, hat Konsequenzen. Und wir müssen einmal Rechenschaft ablegen vor Gott für alle unsere Taten, ja sogar für jedes Wort, das aus unserem Mund gekommen ist. Spätestens dann, bei diesem Jüngsten Gericht, kommt es ans Licht, wie wir gelebt haben. – Wenn wir uns dessen bewusst sind, dann werden wir uns darum bemühen, ein Leben zu führen, das vor Gott wohlgefällig ist; wir werden, so gut wir das können, den Willen und die Wertmassstäbe Gottes zu erkennen suchen und auch umsetzen in unserem Alltag. Denn wir alle werden einmal vor dem Richterstuhl Gottes stehen [vgl. Römer 14,10]. Eine ernste Botschaft.

Das bevorstehende Jüngste Gericht hat aber auch noch andere Aspekte: Richten heisst nämlich nicht nur beurteilen und dann Belohnung oder Strafe verteilen, sondern gerade im biblischen Kontext heisst Richten oftmals: zurechtbringen, Gerechtigkeit bringen. – Nicht nur unser persönliches Leben, sondern erst recht auch unsere ganze Welt ist ja voll von Ungerechtigkeit und Bosheit von Menschen gegenüber anderen Menschen.
Ich muss da gar nicht anfangen aufzuzählen; es ist so viel und uns allen lei-

der nur zu gut bekannt. Lediglich auf den Tag der Menschenrechte am kommenden Mittwoch, 10. Dezember, möchte ich in diesem Zusammenhang hinweisen; den Tag, an dem daran erinnert wird, dass vor genau 60 Jahren die Allgemeine Erklärung der Menschenrechte proklamiert wurde – und bis heute von zahlreichen Staaten und Volksgruppen nicht eingehalten wird.
Vor all dieser Ungerechtigkeit und Bosheit kann Gott nicht einfach und vor allem nicht für immer die Augen verschliessen. Gott ist ein Gott der Gerechtigkeit; deshalb dient das Gericht am Ende der Zeiten auch dazu, die richtigen Verhältnisse wieder herzustellen, den Umgang, die Beziehungen unter den Menschen wieder zurechtzubringen, Ungerechtigkeiten zu beseitigen und die Gerechtigkeit aufzurichten.
Das bedeutet durchaus, dass diejenigen, die Unrecht tun, dafür zur Rechenschaft gezogen und bestraft werden. Es bedeutet aber auch, dass diejenigen, die unter Ungerechtigkeit leiden, durch Gottes Richten zu ihrem Recht kommen dürfen. – So kann die Ankündigung des Jüngsten Gerichts, zumindest für die einen Menschen, sehr wohl eine froh machende Botschaft sein.

Noch ein dritter Aspekt, der mich sehr wichtig dünkt: Richten heisst ja nicht nur verurteilen und strafen, sondern auch: freisprechen. Seien wir uns bewusst und beachten wir: Es ist Jesus Christus, der als Richter kommt; derselbe Jesus Christus, der selbst von einem menschlichen Gericht verurteilt wurde, derselbe Jesus Christus, der sich selber hinrichten liess, und zwar nicht wegen seiner eigenen Schuld, sondern indem er die Schuld und die Bosheit aller Menschen und auch die Strafe dafür auf sich selber nahm.
So paradox es klingt, aber in Jesus Christus hat der Richter die Strafe bereits selber getragen und die Schuld gesühnt. Deshalb müssen wir im Jüngsten Gericht zwar durchaus Rechenschaft ablegen über unsre Taten, über unsere Lebensführung. Und doch sind letztlich nicht diese Taten entscheidend für den Ausgang des Gerichts, sondern in welchem Verhältnis wir stehen zu diesem Richter, der sich selber hinrichten liess, und (wie es im Text aus Offenbarung 20 heisst) ob wir im Buch des Lebens verzeichnet sind.
Es wird sehr wohl einen zweifacher Ausgang des Jüngsten Gerichts geben: Entweder kommt ein Mensch danach in den Himmel, ins Paradies, in die ewige Gemeinschaft mit Gott oder aber in die Hölle, den Ort und den Zustand der ewigen Trennung von Gott, der ewigen Gott-Losigkeit im wahrsten Sinn

des Wortes. – Aber für diesen Ausgang des Gerichts spielen die guten und bösen Taten eines Menschen letztlich nur eine untergeordnete Rolle. Entscheidend ist es, in welcher Beziehung wir zum Richter und Retter Jesus Christus stehen.
Wenn wir ihn als unseren Herrn und Meister anerkannt haben, wenn wir seinen Sühnetod am Kreuz für uns persönlich in Anspruch genommen haben und Vergebung für alle unsere Schuld empfangen haben, wenn wir so durch den Glauben an Jesus Christus zu Kindern Gottes geworden sind, dann steht unser Name im Buch des Lebens aufgeschrieben. Und wir dürfen gewiss sein, dass wir, auch wenn wir einiges auf dem Kerbholz haben, im Gericht vom Richter Jesus Christus freigesprochen werden, weil er selber unsere Strafe bereits auf sich genommen hat.
Verliert auf diese Weise die Ankündigung des Jüngsten Gerichts nicht sehr viel an Angst und Schrecken? Sie bleibt zwar durchaus eine ernste Botschaft, aber sie ist zugleich Evangelium, eine gute Nachricht. Als solche, die in diesem Leben an Jesus Christus glauben und mit ihm verbunden sind, müssen wir nicht voll Furcht auf das Ende der Zeiten zugehen, sondern wir dürfen freudig und zuversichtlich auf die Wiederkunft unseres Herrn und Heilandes warten.
Wenn Jesus Christus zum zweiten Mal auf diese Erde kommt (wann immer das sein wird), dann wird er alles zurechtbringen, er wird Gerechtigkeit aufrichten und alle, die auf ihn warten, die auf ihn vertrauen, die zu ihm gehören, durch das Gericht hindurch in das ewige Friedensreich Gottes hineinbringen. – Diese adventliche Hoffnung soll unser ganzes irdisches Leben prägen.

A M E N

11. Der Heilige Geist

Predigt über Apostelgeschichte 1,5+8

(14. September 2008)

<u>Schriftlesungen</u>:

Johannes 14,15-19.23-26 & 16,7.13-14

(Jesus sprach zu seinen Jüngern vor seiner Gefangennahme und Kreuzigung:) *"Wenn ihr mich liebt, werdet ihr meine Gebote halten. Und ich werde den Vater bitten, und er wird euch einen anderen Beistand geben, damit er für immer bei euch sei: den Geist der Wahrheit, den die Welt nicht empfangen kann, weil sie ihn nicht sieht und nicht erkennt; ihr erkennt ihn, weil er bei euch bleibt und in euch sein wird. Ich werde euch nicht als Waisen zurücklassen, ich komme zu euch. Eine Weile noch, und die Welt sieht mich nicht mehr, ihr aber seht mich, weil ich lebe und auch ihr leben werdet.*
Wer mich liebt, wird mein Wort bewahren, und mein Vater wird ihn lieben, und wir werden zu ihm kommen und Wohnung bei ihm machen. Wer mich nicht liebt, bewahrt meine Worte nicht. Und das Wort, das ihr hört, ist nicht meines, sondern das des Vaters, der mich gesandt hat. Das habe ich euch gesagt, während ich noch bei euch bin. Der Beistand aber, der Heilige Geist, den der Vater in meinem Namen senden wird, wird euch alles lehren und euch an alles erinnern, was ich euch gesagt habe.

Ich sage euch die Wahrheit: Es ist zu eurem Wohl, dass ich weggehe. Denn wenn ich nicht weggehe, wird der Beistand nicht zu euch kommen; wenn ich aber gehe, werde ich ihn zu euch senden.
Wenn aber jener kommt, der Geist der Wahrheit, wird er euch in die ganze Wahrheit leiten; denn er wird nicht aus sich selbst reden, sondern was er hören wird, wird er reden, und was kommen wird, wird er euch kundtun. Er wird mich verherrlichen, denn aus dem Meinen wird er empfangen und euch kundtun."

Apostelgeschichte 1,4-9

(Nach der Auferstehung von Jesus:) *Und als er mit ihnen zusammen war, gebot er ihnen, nicht von Jerusalem wegzugehen, sondern zu warten auf die verheissene Gabe des Vaters, "die ich", so sagte er, "euch in Aussicht gestellt habe. Denn Johannes hat mit Wasser getauft, ihr aber werdet mit Heiligem Geist getauft werden, schon in wenigen Tagen."*

Die, welche damals beisammen waren, fragten ihn: "Herr, wirst du noch in dieser Zeit deine Herrschaft wieder aufrichten für Israel?" Er aber sagte zu ihnen: "Euch gebührt es nicht, Zeiten und Fristen zu erfahren, die der Vater in seiner Vollmacht festgesetzt hat. Ihr werdet aber Kraft empfangen, wenn der Heilige Geist über euch kommt, und ihr werdet meine Zeugen sein, in Jerusalem, in ganz Judäa, in Samaria und bis an die Enden der Erde."
Als er dies gesagt hatte, wurde er vor ihren Augen emporgehoben, und eine Wolke nahm ihn auf und entzog ihn ihren Blicken.

Liebe Gemeinde.
"Ihr aber werdet mit Heiligem Geist getauft werden", so sprach Jesus zu seinen Jüngern nach seiner Auferstehung und kurz vor seiner Himmelfahrt. Und diese Zusage gilt natürlich auch für alle seine späteren Nachfolgerinnen und Nachfolger. Darum wollen wir uns heute fragen: Was oder wer ist dieser Heilige Geist, zu dem wir uns auch im Apostolischen Glaubensbekenntnis bekennen: *"Ich glaube an den Heiligen Geist"*? – Die Frage ist nicht ganz so einfach zu beantworten, weil der Heilige Geist auch in der Bibel nicht überall so eindeutig fassbar ist, aber einige Dinge lassen sich schon erkennen.
Dogmatisch gesprochen kann man sagen: Der Heilige Geist ist die dritte Person der göttlichen Dreieinigkeit. Wir glauben ja an einen einzigen Gott, der aber aus drei Personen besteht, oder besser gesagt: der sich in drei unterschiedlichen Wirkweisen oder Funktionen zeigt. Ich weiss, dass eine solche Aussage nicht gerade leicht fassbar ist; schon unzählige Theologen haben sich darüber den Kopf zerbrochen, wie die göttliche Dreieinigkeit zu verstehen sei, und haben es doch nicht wirklich geschafft. Dass Gott Drei in Eins ist, das bleibt (zumindest in dieser irdischen Zeit) wohl immer irgendwie ein Geheimnis.

Wichtig dabei ist aber, dass wir erkennen: Der Heilige Geist ist nicht einfach irgendeine unpersönliche Kraft, sondern er ist ein Teil Gottes, er ist Gott selber. Er ist Gottes Gegenwart bei uns. Jesus sagte ja zu seinen Jüngern (in den Abschiedsreden im Johannes-Evangelium), dass Gott, der Vater den Heiligen Geist senden werde, damit er immer bei uns sei. Gott ist im Heiligen Geist bei uns gegenwärtig. – Und weil der Heilige Geist Gott selber ist, darum können und sollen wir genauso an ihn glauben wie an den himmlischen Vater und wie an den Sohn Jesus Christus; wir dürfen also auf den Heiligen Geist

vertrauen, wir können uns ihm anvertrauen, ja dürfen auch zu ihm beten, ganz selbstverständlich.
Der Heilige Geist ist also Gott in seiner Gegenwart. Darum will er eine ganz besondere Nähe zu uns haben. Und deshalb spricht Jesus vor seiner Himmelfahrt von einer Taufe des Geistes: *"Ihr werdet mit Heiligem Geist getauft werden"* [Apostelgeschichte 1,5]. Denn 'taufen' bedeutet genau übersetzt: 'untertauchen, eintauchen'. Wir sollen also ganz in Gott, den Heiligen Geist eintauchen, wie in ein Wasserbad hinein, und so ganz umgeben sein vom Heiligen Geist, von Gottes Gegenwart. Ein schönes, tiefsinniges Bild.

Doch nicht nur von einer Taufe, von einem Eintauchen in den Heiligen Geist ist in der Bibel die Rede, sondern viel häufiger auch davon, dass der Heilige Geist in uns hineinkommt, dass wir erfüllt werden mit dem Heiligen Geist. – So wird in der Apostelgeschichte berichtet, dass nach der Himmelfahrt Jesu, an Pfingsten die Nachfolgerinnen und Nachfolger Jesu, die da versammelt waren, mit dem Heiligen Geist erfüllt wurden [Apostelgeschichte 2,4]. Und bei einer etwas späteren Gelegenheit heisst es: *"Und als sie gebetet hatten, erbebte der Ort, an dem sie versammelt waren, und alle wurden mit dem Heiligen Geist erfüllt"* [Apostelgeschichte 4,31].
Im Epheserbrief ermahnt Paulus seine Leser: *"Berauscht euch nicht mit Wein, worin ein heilloses Wesen liegt, sondern werdet voll von Heiligem Geist!"* [Epheser 5,18]. Und im 1. Korintherbrief hören wir vom Apostel: *"Wisst ihr nicht, dass ihr Gottes Tempel seid und dass der Geist Gottes in euch wohnt?"* [1. Korinther 3,16]. Also sogar Wohnung nehmen in uns will der Heilige Geist.
Wir sollen, wir dürfen mit dem Heiligen Geist Gottes erfüllt werden; der Heilige Geist will in uns drin wohnen und uns, unser Leben, unsere Person ganz ausfüllen. – Weshalb oder wozu eigentlich? Es gibt Leute, die sagen: "Mir genügt es, wenn ich weiss, dass ich von Gott geliebt bin, dass ich Gottes Kind bin, dass ich durch den Glauben an Jesus Christus vor Gott gerecht gemacht worden bin, dass ich Vergebung bekommen habe und vor dem ewigen Verderben gerettet worden bin. Das genügt mir. Da brauche ich nicht auch noch den Heiligen Geist, der so schlecht fassbar und verstehbar ist und von dem erst noch manchmal recht komische Dinge erzählt werden."
Ich meine, eine solche Haltung (die ich jetzt natürlich ein bisschen überzeich-

net habe, aber nur ein bisschen), eine solche Einstellung ist gefährlich. Denn ich bin überzeugt: Wir können gar nicht wirklich glauben und als Christen leben ohne den Heiligen Geist, ohne Gottes Gegenwart in uns. Der Heilige Geist ist zwar tatsächlich nicht recht fassbar und begreifbar, aber er tut sehr viele entscheidende und für ein christliches Leben absolut notwendige Dinge. Denn der Heilige Geist ist es, der uns überhaupt befähigt, an Gott zu glauben, der uns den himmlischen Vater und den Retter Jesus Christus erkennen lässt und zu ihm hinführt. Jesus sagte (wir haben es in der Lesung gehört): *"Wenn aber jener kommt, der Geist der Wahrheit, wird er euch in die ganze Wahrheit leiten"* [Johannes 16,13]. Wir können also gar keine wahre Erkenntnis über Gott und die Welt bekommen ohne das Wirken des Heiligen Geistes in uns. – Auch die unendlich grosse Liebe, die Gott zu uns hat, bekommen wir letztlich vermittelt durch seinen Heiligen Geist. Denn Paulus schreibt in Römer 5,5: *"Die Liebe Gottes ist ausgegossen in unsere Herzen durch den Heiligen Geist."*

Der Heilige Geist ist uns auch als Beistand gegeben, wie ihn Jesus mehrmals in den Abschiedsreden nennt. Das heisst: Durch den Heiligen Geist steht Gott uns bei, hilft Gott uns und leitet Gott uns. Durch den Heiligen Geist schenkt Gott uns zudem Trost, denn das griechische Wort für 'Beistand' kann auch mit 'Tröster' übersetzt werden.

Der Heilige Geist gibt uns die nötige Kraft, um von unserem Glauben an Gott und an Jesus Christus zu sprechen, davon Zeugnis abzulegen. *"Ihr werdet Kraft empfangen, wenn der Heilige Geist über euch kommt"*, sagte Jesus vor seiner Himmelfahrt, *"und ihr werdet meine Zeugen sein"* [Apostelgeschichte 1,8]. Und in Apostelgeschichte 4,31 lesen wir *"Alle wurden mit dem Heiligen Geist erfüllt und verkündigten freimütig das Wort Gottes."*

Wir dürfen auch damit rechnen, dass uns der Heilige Geist in schwierigen Situationen zu Hilfe kommt. Jesus verheisst nämlich seinen Nachfolgern: *"Wenn sie euch vor die Obrigkeiten führen"*, (nämlich um Rechenschaft für euren Glauben zu fordern), *"so sorgt euch nicht darum, wie oder womit ihr euch verteidigen oder was ihr sagen sollt! Denn der Heilige Geist wird euch zu ebender Stunde lehren, was ihr sagen sollt"* [Lukas 12,11-12].

Der Apostel Paulus spricht dann ausführlich von den Geistesgaben oder Gnadengaben, also von den geistlichen Gaben, die der Heilige Geist den Gläubigen gibt: zum Beispiel die Gabe, das richtige Wort im richtigen Moment

sagen zu können; die Gabe der Lehre oder die Gabe des Dienstes; die Gabe, etwas übernatürlich zu erkennen, was auf natürliche Weise nicht erkennbar ist; die Gabe zu heilen oder andere Wundertaten zu wirken; die Gabe, die Geister zu unterscheiden; und manche andere [vgl. Römer 12,6-8; 1. Korinther 12,6-11.28-31]. – Dazu gehört auch die Gabe des Sprachengebets, also die Möglichkeit, mit Worten zu beten, die wir selber nicht verstehen, die an unserem Verstand vorbeigehen, weil sie direkt vom Heiligen Geist kommen. Paulus sagt dazu: *"Der Geist aber kommt auch unserer Schwachheit zu Hilfe. Denn wir wissen nicht, was wir beten sollen, wie sich's gebührt; aber der Geist selbst tritt für uns ein mit unaussprechlichen Seufzern"* [Römer 8,26].
Liebe Gemeinde, ich hoffe, sie können aus dieser ausführlichen Aufzählung erkennen, dass es eine gefährliche Illusion ist, wenn wir meinen, wir könnten als Christen ohne den Heiligen Geist auskommen. Wir brauchen ihn unbedingt; wir brauchen die kraftvolle Gegenwart Gottes bei uns, ja in uns!

Darum stellen wir uns jetzt noch die Frage: Wie bekommen wir den Heiligen Geist? Wie werden wir mit ihm erfüllt? – Auch das ist nicht so einfach darzulegen, aber ich will es versuchen:
Wenn wir zum Glauben an Gott, den himmlischen Vater und an den Herrn Jesus Christus kommen, wenn wir also umkehren von unserem alten, letztlich verdorbenen und sinnlosen Lebensweg und uns entscheiden, unser Leben und Wesen ganz Gott zu übergeben und zu unterstellen, und so ein neues Leben bekommen, wenn wir in dieser Art Christ werden im eigentlichen Sinn des Wortes, dann kommt auch der Heilige Geist Gottes in uns hinein. Jeder Gläubige hat also den Heiligen Geist.
Allerdings kann man da noch nicht wirklich von einer Erfüllung, von einem Ausgefüllt-Sein mit dem Heiligen Geist sprechen. Der Heilige Geist muss zuerst genügend Raum bekommen in uns. Darum braucht es etwas Weiteres: die bewusste Bitte – oft ist es hilfreich, wenn dies mit einem anderen, reiferen Christen zusammen geschieht –, die bewusste Bitte um diese Erfüllung mit dem Heiligen Geist. Der Heilige Geist füllt uns nicht einfach automatisch völlig aus, wirkt in uns und gibt uns seine Gaben, sondern wir müssen ihn bewusst darum bitten. Wir müssen uns auch bewusst bereit erklären, dass er in uns und durch uns wirken kann, wie er will; dass wir also die eigene totale Kontrolle abgeben (was uns nicht unbedingt immer so leicht fällt).

Wir müssen also die Erfüllung mit dem Heiligen Geist wollen und aktiv in Anspruch nehmen. Manche Leute sprechen in diesem Zusammenhang von der 'Taufe im Heiligen Geist' oder von der 'Geistestaufe'. Dies ist durchaus richtig (Jesus selber sagte ja: *"Ihr werdet mit Heiligem Geist getauft werden"*); allerdings darf man es meiner Meinung nach nicht verstehen als eine Art Ritual, das ein einziges Mal vollzogen wird (wie dies bei der Wassertaufe der Fall ist). Es braucht zwar, wie ich gesagt habe, eine erstmalige bewusste Bitte um die Erfüllung mit dem Heiligen Geist, aber dann muss dies im weiteren Verlauf des Glaubenslebens immer wieder einmal geschehen. Auch von den Aposteln und den Christen in den ersten Gemeinden wird mehrmals berichtet, dass sie vom Heiligen Geist erfüllt wurden.

Ich weiss, viele in unseren Landeskirchen bekommen starke Bedenken und auch gewisse Ängste, wenn von Geistestaufe oder Geistesgaben die Rede ist, erst recht wenn dann auch noch das Zungenreden oder Sprachengebet hinzukommt. (Zu diesem möchte ich nur noch in Klammern sagen: Das Sprachengebet – also das Beten in einer mir unbekannten, für meinen Verstand nicht verständlichen Sprache – ist tatsächlich ein sehr häufiges, wenn auch nicht notwendiges Zeichen dafür, dass der Heilige Geist in uns drin wohnt und uns ausfüllt. Zudem ist es, wie schon erwähnt, eine sehr grosse Hilfe im Glaubensleben und besonders beim Beten.)

Ich weiss also sehr wohl um diese Bedenken und Ängste. Und trotzdem ist alles, was ich über den Heiligen Geist gesagt habe, sehr biblisch. Darum möchte ich ganz fest ermutigen dazu, dem Heiligen Geist und seinem Wirken nicht aus Angst oder Verständnisschwierigkeiten aus dem Weg zu gehen, sondern ihn bewusst zu suchen, um die Erfüllung, das Ausgefüllt-Werden mit dem Heiligen Geist, um das Eingetaucht-Werden in den Heiligen Geist zu bitten und sich nach den Gaben des Heiligen Geistes auszustrecken. – Denn wie gesagt: Wir brauchen den Heiligen Geist Gottes unbedingt, dass er in uns wohnt, dass er in uns und durch uns wirkt. Wir können nicht wirklich leben ohne ihn. Darum ist es nötig, dass auch wir immer wieder von Herzen bekennen können: *"Ich glaube an den Heiligen Geist!"*

A M E N

12. Die christliche Kirche

Predigt zum Reformationssonntag über 1. Petrus 2,5

(2. November 2008)

<u>Schriftlesungen</u>:

Epheser 2,19-22

Ihr seid also jetzt nicht mehr Fremde ohne Bürgerrecht, sondern Mitbürger der Heiligen und Hausgenossen Gottes. Ihr seid auf das Fundament der Apostel und Propheten gebaut; der Schlussstein ist Christus Jesus selbst. Durch ihn wird der ganze Bau zusammengehalten und wächst zu einem heiligen Tempel im Herrn. Durch ihn werdet auch ihr im Geist zu einer Wohnung Gottes erbaut.

1. Petrus 2,4f.9f.

Kommt zu ihm, dem lebendigen Stein, der von den Menschen verworfen, aber von Gott auserwählt und geehrt worden ist. Lasst euch als lebendige Steine zu einem geistigen Haus aufbauen, zu einer heiligen Priesterschaft, um durch Jesus Christus geistige Opfer darzubringen, die Gott gefallen. Ihr aber seid ein auserwähltes Geschlecht, eine königliche Priesterschaft, ein heiliger Stamm, ein Volk, das sein besonderes Eigentum wurde, damit ihr die grossen Taten dessen verkündet, der euch aus der Finsternis in sein wunderbares Licht gerufen hat. Einst wart ihr nicht sein Volk, jetzt aber seid ihr Gottes Volk.

Liebe Gemeinde.
Leider habe ich als Pfarrer immer wieder einmal Kontakt zu Menschen, die zur Kirche austreten wollen. Die Gründe, die jemanden zu diesem Schritt bewegen, sind unterschiedlich, oft sind es finanzielle, verbunden mit einer grossen Beziehungslosigkeit gegenüber der Kirche. Und dann höre ich häufig noch den Satz, fast etwas rechtfertigend: "Wissen Sie, ich glaube schon an Gott, ich fühle mich auch als Christ. Aber dazu muss ich nicht in der Kirche sein."
Ich bin überzeugt: Dies ist ein grosser Irrtum. Der Glaube an Gott und an Je-

sus Christus, das Christ-Sein ist unlösbar verbunden mit der Kirche. Denn Christus ist das Haupt der Kirche; die Kirche ist der Leib Christi. Jesus Christus ist nicht ohne seine Kirche zu haben. Deshalb bekennen wir ja: *"Ich glaube an die heilige, allgemeine, christliche Kirche, Gemeinschaft der Heiligen."* Dieses Bekenntnis muss nun aber noch etwas differenzierter angeschaut und erklärt werden, denn unter dem Begriff 'Kirche' wird recht vieles verstanden; sehr unterschiedliche Erfahrungen sind damit verbunden. Und nicht alles entspricht den Aussagen der Bibel und dem, was Christus wollte.

Schauen wir einmal, was das Apostolische Glaubensbekenntnis über die Kirche sagt. Da werden ihr zunächst drei Begriffe zugeordnet: 'heilig', 'allgemein', 'christlich'. – Die Kirche ist 'heilig'; das bedeutet: Sie ist auf Gott bezogen und ausgerichtet, sie ist Gott zugehörig, sie ist Gott geweiht. Damit ist sie auch irgendwie abgesondert, herausgenommen aus der profanen Welt. Das ist mit dem Wort 'heilig' gemeint.
Weiter wird von der 'allgemeinen Kirche' gesprochen. Dieser Ausdruck ist erklärungsbedürftig, denn im griechischen Original des Apostolikums kommt an dieser Stelle der Begriff 'katholisch' vor. Das ist sehr brisant, wenn wir uns als Reformierte zur 'katholischen Kirche' bekennen! – Doch dieses Wort darf hier ja nicht im konfessionellen Sinn verstanden werden (obwohl es von der römisch-katholischen Kirche natürlich so verstanden wird), sondern das griechische Wort 'katholikos' meint: allumfassend, das Ganze umfassend, eben allgemein.
Schliesslich wird die Kirche 'christlich' genannt, auch das eine wichtige Näherbestimmung. Die Kirche muss sich auf Christus als ihren Herrn beziehen, sie muss auf Christus gegründet sein (gemäss dem Wort von Paulus im 1. Korintherbrief: *"Einen anderen Grund kann niemand legen als den, der gelegt ist, welcher Jesus Christus ist"* [1. Korinther 3,11]). Sonst ist sie keine christliche Kirche, sondern einfach irgendeine Religionsgemeinschaft oder ein religiöser Verein.

Heilig, allgemein, christlich, das also drei grundlegende Aspekte von Kirche. Anschliessend folgt im Apostolikum eine weitere Glaubensaussage, die ebenfalls die Kirche etwas genauer beschreibt: 'Gemeinschaft der Heiligen'. – Dies zeigt, dass die Kirche nicht primär eine Institution ist (auch wenn sie leider oft

so erlebt wird), auch nicht einfach nur eine Gebäude, sondern die Kirche ist in erster Linie eine Gemeinschaft, eine Gemeinschaft von Menschen.
Wenn wir Kirche sein wollen und Kirche sind, dann bilden wir also eine Gemeinschaft miteinander, auch wenn wir uns nicht gegenseitig ausgewählt haben und selbst wenn wir uns vielleicht nicht unbedingt sympathisch sind. Aber wir sind verbunden durch Jesus Christus und durch den gemeinsamen Glauben an ihn. In der Gemeinschaft der Kirche bilden wir zusammen, als Einheit den Leib Christi.
Diese Gemeinschaft wird im Apostolischen Glaubensbekenntnis noch etwas näher spezifiziert: Sie ist Gemeinschaft der 'Heiligen'. Auch hier braucht es eine Erklärung, da das Wort 'Heilige' oft missverstanden wird. Man denkt da meist an besonders tugendhafte und fromme Menschen, die sich vielleicht sogar als etwas Mehr-Besseres fühlen. Doch der Begriff 'Heilige' hat nur wenig mit dem zu tun; vielmehr (ich habe es bereits angesprochen) bezeichnet er Menschen, die ganz Gott gehören; *"Hausgenossen Gottes"*, wie sie im Lesungstext aus dem Epheserbrief genannt werden.
'Heilig' meint: für Gott und für den Dienst an ihm bestimmt; ausgesondert und speziell ausgewählt für Gott. So ist eine mögliche Übersetzung des griechischen Wortes für Kirche, 'ekklesia': die 'Herausgerufenen', die 'berufene Schar'. – Deshalb geht es also nicht um besondere Tugendbolde, sondern alle, die sich von Gott zum Glauben und zur Gemeinschaft mit ihm berufen lassen, alle, die ihr Leben Gott übergeben, sind in diesem Sinn 'Heilige' und bilden als Gemeinschaft der Heiligen die Kirche.

Das also einige grundsätzliche Aussagen zum Wesen der Kirche, wie sie vom Apostolischen Glaubensbekenntnis gemacht werden. Nun könnte man aber einwenden: "Das tönt ja alles schön und gut, aber mit der Realität, wie ich die Kirche erlebe oder was ich über die Kirche lese und mitbekomme, hat das herzlich wenig zu tun." – Ja, dies ist tatsächlich eine oft gemacht Erfahrung: Hier die hehren, schönen Aussagen über die Kirche und die Gemeinschaft der Heiligen und da die Alltagserfahrungen mit der kirchlichen Institution und ihrem Bodenpersonal, die sich eben nicht immer decken.
Auf diesem Hintergrund ist die Theologie auf die Unterscheidung zwischen sichtbarer und unsichtbarer Kirche gekommen. – Die unsichtbare Kirche ist der Leib Christi, wie er in der Bibel genannt wird, die wahre Gemeinschaft der

Heiligen, also all derjenigen, die an Jesus Christus glauben, auf der ganzen Welt, über alle Grenzen hinweg; eine Gemeinschaft aus allen Nationen, Völkern, Rassen und Sprachen. Das ist die vollkommene Kirche, in der geistliche Einheit herrscht, die Kirche im wahren Sinn; die unsichtbare Kirche.
Die sichtbare Kirche ist dann die Menge der konkreten kirchlichen Institutionen an den verschiedenen Orten auf der Erde. Diese sichtbare Kirche ist eingeteilt, um nicht zu sagen: zersplittert in viele Konfessionen, Gruppierungen und Gemeinden. Hier wird christlicher Glaube und kirchliche Gemeinschaft an Ort konkret gelebt, in aller Unvollkommenheit, mit vielen Schwächen, Fehlern und Mängeln behaftet, auch geprägt durch Uneinigkeit und Streit. In dieser sichtbaren Kirche erweist sich die Gemeinschaft der Heiligen leider nur zu oft als ein Haufen sündiger, fehlbarer Menschen. Das macht vielen, das macht auch mir grosse Mühe.
Und trotzdem: Letztlich geht es nicht anders. Die geistliche Gemeinschaft der weltweiten unsichtbaren Kirche muss sich notwendigerweise konkretisieren in vielen sichtbaren örtlichen Gruppen und Gemeinden. Sie muss gewissermassen auf die Welt kommen und Mensch werden. – Ebenso muss jeder Christ, jeder an Christus Glaubende als Teil der unsichtbaren Kirche notwendigerweise einer konkreten, sichtbaren örtlichen Kirche angehören. Und auch wenn diese in mannigfacher Weise unvollkommen ist, ist das noch kein Grund, sich herauszuhalten. (Die vollkommene christliche Gemeinde gibt es sowieso nicht, und falls ich sie doch gefunden hätte, dürfte ich ihr nicht beitreten, weil sie dann nicht mehr vollkommen wäre…)
Zu welcher konkreten Kirche oder Gemeinde jemand gehört, spielt letztlich keine Rolle. Er soll sich darin wohl fühlen können, sich auch von Gott da hineingestellt sehen. Aber er muss unbedingt zu irgendeiner konkreten christlichen Gemeinde gehören. Deshalb irren diejenigen, die aus der Kirche austreten und meinen, sie könnten auch für sich allein Christen sein. Christus ist nicht ohne seine Kirche zu haben, und zwar seine sichtbare Kirche.

Jeder, der an Gott glaubt und zu Jesus Christus gehört, soll also auch zu einer örtlichen christlichen Gemeinde gehören – und zwar am besten nicht nur als Kirchensteuern zahlendes Passivmitglied, sondern als aktives Gemeindeglied. So möchte ich uns alle ermuntern, immer wieder die Gemeinschaft mit anderen Christen zu suchen und zu leben, sei es hier im Linsebühl oder sei

es an einem anderen Ort. Wir dürfen und sollen uns in der konkreten Gemeinde am Ort engagieren, unsere von Gott gegebenen Gaben einsetzen und so zum Wohl des ganzen Leibes Christi beitragen.
Und wenn wir Mängel und Schwierigkeiten sehen, sind vielleicht gerade wir es, die entscheidend sind und gewisse Veränderungen bringen können. – Die Kirche, auch die sichtbare Kirche, ist nicht primär eine Institution oder Organisation, sondern eine Gemeinschaft von Menschen, die so gut und lebendig ist, wie die Menschen, die sie bilden, lebendig sind; eine Gemeinschaft, die unter der Leitung des Heiligen Geistes wachsen soll und zu einem geistigen Haus Gottes aufgebaut wird (wie es Petrus in seinem Brief schrieb). Und da kommt es auf jede und jeden Einzelnen an, dass sich jede und jeder Einzelne als ein lebendiger Stein in Gottes Tempel einfügen lässt.
So sind wir hier, auch in aller Unvollkommenheit und Schwachheit, ein Teil der wahren, heiligen, allumfassenden Kirche Jesu Christi und dazu berufen, in ihr Gemeinschaft der Heiligen konkret und praktisch zu leben.

A M E N

13. Die Vergebung der Sünden

Predigt zum Bettag über 1. Johannes 1,8f. & Matthäus 6,12.14f.

(21. September 2008)

<u>**Schriftlesung**</u>: **Matthäus 18,21-35**

Dann trat Petrus zu ihm und sagte: "Herr, wie oft kann mein Bruder an mir schuldig werden, und ich muss ihm vergeben? Bis zu siebenmal?" Jesus sagt zu ihm: "Ich sage dir, nicht bis zu siebenmal, sondern bis zu sieben mal siebzigmal.

Darum ist es mit dem Himmelreich wie mit einem König, der mit seinen Knechten abrechnen wollte. Als er abzurechnen begann, wurde einer vor ihn gebracht, der ihm zehntausend Talent schuldig war. Weil er sie nicht zurückzahlen konnte, befahl der Herr, ihn mit Frau und Kind und seiner ganzen Habe zu verkaufen und so die Schuld zu begleichen. Da warf sich der Knecht vor ihm auf die Knie und flehte: «Hab Geduld mit mir, und ich werde dir alles zurückzahlen!» Da hatte der Herr Mitleid mit jenem Knecht und liess ihn gehen, und die Schuld erliess er ihm.

Als aber der Knecht wegging, traf er einen seiner Mitknechte, der ihm hundert Denar schuldig war; und er packte ihn, würgte ihn und sagte: «Bezahle, was du schuldig bist!» Da fiel sein Mitknecht vor ihm nieder und bat ihn: «Hab Geduld mit mir, und ich werde dir alles zurückzahlen!» Er aber wollte nicht, sondern ging und liess ihn ins Gefängnis werfen, bis er die Schuld beglichen hätte.

Als nun seine Mitknechte sahen, was geschehen war, überkam sie grosse Trauer, und sie gingen und berichteten ihrem Herrn alles, was geschehen war. Da liess sein Herr ihn zu sich rufen und sagte zu ihm: «Du böser Knecht! Die ganze Schuld habe ich dir erlassen, weil du mich gebeten hast! Hättest nicht auch du Erbarmen haben müssen mit deinem Mitknecht, so wie ich Erbarmen hatte mit dir?» Und voller Zorn übergab ihn sein Herr den Folterknechten, bis er ihm die ganze Schuld bezahlt hätte.

So wird es auch mein himmlischer Vater mit euch machen, wenn ihr nicht vergebt, ein jeder seinem Bruder von Herzen."

Liebe Gemeinde.

Vor einiger Zeit habe ich ein Interview mit einer Atheistin gelesen. Als diese zum Schluss gefragt wurde, ob es etwas gebe, für das sie das Christentum beneide, gab sie zur Antwort: "die Möglichkeit der Vergebung". – Ich meine, sie hat damit einen ganz zentralen Punkt unseres christlichen Glaubens getroffen (auch wenn er im Apostolischen Glaubensbekenntnis erst gegen Schluss, im dritten Teil erscheint): die Vergebung der Sünden. Wir haben das grossartige Privileg, dass wir Vergebung erfahren dürfen; dass wir nicht, wie eben eine Atheistin, mit unseren Fehlern und Untaten einfach uns selbst überlassen bleiben und in unserer Schuld gefangen bleiben müssen. Nein, es gibt Vergebung! *"Ich glaube an die Vergebung der Sünden"*, bekennen wir im Apostolikum.

Allerdings müssen wir dazu zuerst erkennen und anerkennen, dass wir überhaupt Vergebung brauchen. Und da, denke ich, liegt oftmals das Problem. Im 1. Johannesbrief steht: *"Wenn wir sagen, dass wir keine Sünde haben, führen wir uns selbst irre, und die Wahrheit ist nicht in uns"* [1. Johannes 1,8]. – Wenn also ein Mensch der Meinung ist, dass er nichts Falsches getan und überhaupt keine Schuld habe, dann ist er verblendet und völlig auf dem Holzweg. Die Sünde gehört zum menschlichen Wesen; und zwar die Sünde einerseits verstanden als die schlechten Taten, Worte und Gedanken, andererseits aber auch viel grundlegender als Gottlosigkeit, als Getrennt-Sein von Gott.

Wir Menschen sind von unserer menschlichen Natur her herausgefallen aus der Gemeinschaft mit Gott, wir leben in der Ablehnung Gottes, in der Auflehnung gegen Gott, in der Unabhängigkeit von Gott. Das ist die eigentliche Sünde. Und aus dieser Ursünde fliesst dann all das, was wir gemeinhin als Sünden bezeichnen: böse Taten, schlechte Gedanken und Worte, Fehlhaltungen, Lieblosigkeit, Egoismus und vieles andere mehr. Das ist unser natürlicher menschlicher Zustand, den wir erkennen und anerkennen müssen, bevor irgendeine Veränderung überhaupt möglich ist. Wir Menschen sind eben nicht grundlegend gut und rein, wie das manche Philosophen und Humanisten behaupten. *"Wenn wir sagen, dass wir keine Sünde haben, führen wir uns selbst irre, und die Wahrheit ist nicht in uns."*

Zum Glück ist diese Aussage aber nicht das letzte Wort, das über uns Menschen gesprochen wird. Johannes fährt in seinem Brief nämlich so fort: *"Wenn wir unsere Sünden bekennen, ist er treu und gerecht, so dass er uns die Sünden vergibt und uns von aller Ungerechtigkeit reinigt"* [1. Johannes 1,9]. Das letzte Wort hat also die Gnade Gottes und von ihr her die Verge-

bung. – Wenn wir deshalb zugeben, dass wir uns in einem Zustand der Trennung von Gott befinden und dass wir auch gesündigt haben mit unseren Gedanken, Worten und Taten, wenn wir also Busse tun (um jetzt diesen altmodischen und doch so wichtigen Begriff zu gebrauchen, passend zum heutigen Dank-, Buss- und Bettag), wenn wir um Vergebung bitten, dann haben wir die Zusage Gottes, dass er in seiner Treue und Gerechtigkeit uns alle unsere Schuld und Sünde vergibt, ganz egal was und wie gross sie ist. Welch eine gewaltige Gnade Gottes!
Doch diese Vergebung ist nicht einfach gratis. Für uns ist sie zwar durchaus umsonst; wir können sie uns nicht verdienen mit irgendwelchen Bussleistungen oder Wiedergutmachungstaten. Wir können uns die Vergebung nur schenken lassen und dieses Geschenk im Glauben und mit Dankbarkeit in Anspruch nehmen. – Aber Gott auf der anderen Seite hat diese Vergebung sehr viel gekostet, nämlich das Leben seines eigenen Sohnes. Jesus Christus, Gottes Sohn wurde ein Mensch und wurde von den Menschen am Kreuz hingerichtet. Und da am Kreuz hat er die Sünde aller Menschen auf sich genommen, er wurde selber zur Sünde, er trug unsere Strafe und ist so als Sühnopfer für die Schuld der ganzen Menschheit gestorben.

Das ist das Evangelium, die frohe Botschaft. Denn dadurch, dass Jesus Christus für alle unsere Sünden gestorben ist, dadurch haben wir die Möglichkeit, Vergebung zu bekommen für unsere Schuld. Wir müssen einfach bereit sein, sie zu erkennen und zuzugeben. *"Wenn wir unsere Sünden bekennen, ist er treu und gerecht, so dass er uns die Sünden vergibt und uns von aller Ungerechtigkeit reinigt"* – Gott ist treu; er steht zu uns Menschen, auch wenn wir versagt haben, wenn wir uns von ihm abgewendet haben. Gott ist aber auch gerecht, deshalb müsste er uns für unsere Sünde eigentlich bestrafen und verwerfen. Doch weil sein Sohn Jesus Christus die Strafe für unsere Sünde bereits getragen hat, kann Gott uns nun vergeben.
Alles, was wir Böses getan haben, alle unsere schlechten Haltungen, selbst unser Bestreben, von Gott unabhängig sein zu wollen, all das wird in den Augen Gottes ausgelöscht, und wir dürfen rein und neu vor ihm stehen. Im Glauben an die Gnade und Barmherzigkeit Gottes, im Vertrauen auf die Sühnetat Jesu am Kreuz, im Annehmen des stellvertretenden Todes Jesu für uns dürfen wir um Vergebung bitten und dürfen wir Vergebung empfangen für

alle Schuld, wirklich für alle. Und wir können immer wieder von neuem freudig bekennen: *"Ich glaube an die Vergebung der Sünden!"*

Diese Vergebung hat nun aber noch eine zweite Seite, wie bei zwei Seiten einer Medaille. Diese andere Seite der Vergebung zeigt sich im Gleichnis vom grossmütigen König und seinem unbarmherzigen Knecht, das wir in der Lesung gehört haben; sie zeigt sich auch im "Unser Vater"-Gebet, in der Bitte: *"Und vergib uns unsere Schuld, wie auch wir vergeben unseren Schuldigern"* [Matthäus 6,12].
Gerade diese Aussage stellte Jesus dann gleich im Anschluss an das "Unser Vater" noch betont heraus, indem er sagte: *"Denn wenn ihr den Menschen ihre Verfehlungen vergebt, dann wird euer himmlischer Vater auch euch vergeben. Wenn ihr aber den Menschen nicht vergebt, dann wird auch euer Vater eure Verfehlungen nicht vergeben"* [Matthäus 6,14-15].
Die Vergebung ist also nicht nur ein Gnadengeschenk, das uns angeboten wird, sie beinhaltet zugleich auch eine Verpflichtung, die Verpflichtung nämlich sie weiterzugeben. Es ist ja nicht nur so, dass wir selber schuldig werden, Gott gegenüber oder unseren Mitmenschen gegenüber. Auch das Umgekehrte kommt vor: dass andere Menschen an uns schuldig werden, uns etwas Böses antun, uns verletzen, uns schaden. Und genau da muss sich die Vergebung bewähren.
Wir haben gehört von diesem Knecht, der eine gewaltig grosse Schuld auf sich gehäuft hatte, die er unmöglich abzahlen konnte. Deshalb bat er seinen König um Erbarmen, eigentlich nur um Fristerstreckung, aber der König ging viel weiter und erliess ihm gleich die ganze Schuld. Unfassbar! – Was aber tat jener Knecht? Anstatt dass er freudig und dankbar nachhause ging, packte er bei nächster Gelegenheit einen seiner Mitknechte, der ihm einen vergleichsweise kleinen, aber nicht geringen Betrag schuldete, und setzte ihn unter Druck, jetzt gleich alles zurückzuzahlen. Und er hatte kein Erbarmen, als sein Schuldner ihn mit den genau gleichen Worten um Fristerstreckung bat. Auch das: unfassbar! Und mit schlimmen Konsequenzen: Der König nahm seinen Schuldenerlass zurück und liess den Knecht ins Gefängnis werfen, bis er alles bezahlt hätte (was, wie gesagt, völlig unmöglich war).
Dieses Gleichnis enthält (genau gleich wie die Worte Jesu nach dem "Unser Vater") eine ernste Warnung an uns: Vergebung für unsere Sünden wird uns

von Gott angeboten, wir dürfen Vergebung empfangen – aber wir können sie auch wieder verlieren, wenn wir nicht bereit sind, sie weiterzugeben und unseren Mitmenschen, die an uns schuldig geworden sind, ebenfalls zu vergeben, und zwar (wie Jesus Petrus gegenüber betonte) nicht nur ein paar wenige Male, sondern viele, eigentlich unbeschränkt viele Male. Wenn wir nicht vergeben, will und kann Gott, der himmlische Vater, auch uns nicht vergeben, und wir bleiben Gefangene der Sünde; eine sehr ernste Mahnung. Gott ist treu und gerecht; er ist voller Gnade und Liebe, aber er übergibt uns damit auch eine Verantwortung.

"Ich glaube an die Vergebung der Sünden!" Dieses Bekenntnis (das müssen wir uns bewusst sein) beinhaltet also zwei Seiten: die Vergebung, die wir von Gott empfangen und für die wir unendlich dankbar sein dürfen, und die Vergebung, die wir mit derselben Freude an unsere Mitmenschen weitergeben sollen. – In diesem doppelten Sinn soll die Vergebung unser ganzes Leben prägen.

A M E N

14. Die Auferstehung der Toten und das ewige Leben

Predigt zum Ewigkeitssonntag über 1. Korinther 15,12-26

(23. November 2008)

Schriftlesung: 1. Korinther 15,12-26

Wenn aber verkündigt wird, dass Christus von den Toten auferweckt worden ist, wie können dann einige unter euch sagen, es gebe keine Auferstehung der Toten? Wenn es keine Auferstehung der Toten gibt, dann ist auch Christus nicht auferweckt worden. Ist aber Christus nicht auferweckt worden, so ist unsere Verkündigung leer, leer auch euer Glaube. Wir stehen dann auch als falsche Zeugen Gottes da, weil wir gegen Gott ausgesagt haben, er habe Christus auferweckt, den er gar nicht auferweckt hat, wenn doch Tote nicht auferweckt werden.
Wenn Tote nämlich nicht auferweckt werden, dann ist auch Christus nicht auferweckt worden. Ist aber Christus nicht auferweckt worden, dann ist euer Glaube nichtig, dann seid ihr noch in euren Sünden, also sind auch die in Christus Entschlafenen verloren. Wenn wir allein für dieses Leben unsere Hoffnung auf Christus gesetzt haben, dann sind wir erbärmlicher dran als alle anderen Menschen.
Nun aber ist Christus von den Toten auferweckt worden, als Erstling derer, die entschlafen sind. Da nämlich durch einen Menschen der Tod kam, kommt auch durch einen Menschen die Auferstehung der Toten. Denn wie in Adam alle sterben, so werden in Christus auch alle zum Leben erweckt werden.
Jeder aber an dem ihm gebührenden Platz: als Erstling Christus, dann die, die zu Christus gehören, wenn er kommt. Dann ist das Ende da, wenn er das Reich Gott, dem Vater, übergibt, wenn er alle Herrschaft, alle Gewalt und Macht zunichte gemacht hat. Denn er soll herrschen, bis Gott ihm alle Feinde unter die Füsse gelegt hat. Als letzter Feind wird der Tod vernichtet.

Liebe Gemeinde.
Es gibt Fragen, die seit Anbeginn der Welt die Menschen beschäftigen. Eine dieser Ur-Fragen lautet: Was geschieht, wenn ein Mensch stirbt? Was kommt nach dem Tod? Diese Fragen stellt sich jeder Mensch; und durch alle Jahrhunderte hindurch wurden Antworten darauf gesucht. – Wenn ich es richtig sehe, sind es drei verschiedene Antworten, die gegeben werden können.
Die erste ist zugleich die modernste: Nach dem Tod kommt gar nichts. Es ist

dies die Antwort des Materialismus. Mit dem Tod ist alles aus und vorbei; beim Sterben löst sich der Mensch wieder in seine Atome auf, er verschwindet einfach, er wird vollständig ausgelöscht. – Viele Menschen heutzutage haben diese Überzeugung; und sie leben auch entsprechend. Denn diese Haltung hat durchaus gewisse "Vorteile": Wenn mit dem Tod eh alles aus und vorbei ist, dann kann ich letztlich im Leben tun und lassen, was ich will, egal welche Folgen es nach sich zieht. Es hat zwar vielleicht Konsequenzen für dieses irdische Leben, aber für nichts Weiteres. Und wenn mir die Probleme über den Kopf wachsen sollten, dann kann ich meinem Leben ein Ende setzen, und damit ist alles gelöst.
Durchaus verlockend, eine solche Lebenshaltung. Ich meine aber, sie macht das Leben armselig und im Grunde genommen sinnlos. Weshalb soll ich mir irgendwelche Ziele vornehmen (in der Ausbildung, im Beruf, in zwischenmenschlichen Beziehungen usw.) wenn eh einmal – und vielleicht schon morgen – alles ausgelöscht wird? Da lebe ich doch lieber nach dem Motto, das Paulus im 1. Korintherbrief, Kapitel 15 etwas später zitiert: *"Lasst uns essen und trinken, denn morgen sind wir tot"* [1. Korinther 15, 32].
Oder aber ich komme unter einen ungeheuren Druck: Da es nichts anderes gibt als dieses eine (vielleicht sogar kurze) Leben vor dem Tod, muss ich möglichst viel, ja alles an Lebensgenuss da hineinpacken. Wenn ich etwas erleben will, etwas erfahren will, muss es möglichst sofort geschehen, denn ich weiss ja nicht, ob es mich morgen noch gibt, und dann habe ich es verpasst. Das bringt ziemlichen inneren Stress, wenn das ganze Leben auf diese Zeitspanne zwischen Geburt und Tod konzentriert und beschränkt ist und nachher alles aus und vorbei ist. Aber so ist halt die materialistische Antwort.

Eine zweite Antwort auf die Frage nach dem Sterben und nach dem, was nach dem Tod kommt, ist die Antwort der Reinkarnation oder Wiederverkörperung (manchmal auch Wiedergeburt genannt). Diese besagt, dass im Tod die Seele oder der Personenkern vom Körper getrennt wird und einen neuen Körper annimmt, in einem neuen Körper wieder auf die Welt kommt und hier ein neues Leben lebt, wobei sich dieser Vorgang fast unendlich viele Male wiederholt.
Diese Lehre von der Reinkarnation ist im Hinduismus und im Buddhismus beheimatet, wurde aber in den letzten Jahrzehnten auch in unserer westli-

chen Welt von vielen Menschen übernommen. Denn auch sie hat etwas Bestechendes und Verlockendes an sich: nämlich die Zusage einer zweiten Chance. Ich bekomme die Möglichkeit, das, was ich in diesem Leben verpasst oder falsch gemacht habe, im nächsten Leben nachzuholen und besser zu machen. So kann ich mich von Leben zu Leben höher entwickeln und mehr vom Leben haben. Eine durchaus faszinierende Aussicht.

Allerdings hat auch sie eine Kehrseite. Nicht von ungefähr wird im Hinduismus und im Buddhismus, in den Religionen also, in denen die Reinkarnationslehre konstitutiv ist, dieser sich dauernd wiederholende Kreislauf der Wiedergeburten nicht als Segen, sondern als Fluch erfahren. Ich darf mich nicht nur verbessern, ich muss mich auch verbessern; ich habe nicht nur die Chance, gemachte Fehler in einem nächsten Leben auszubügeln, ich habe auch die Pflicht dazu, denn sonst erfahre ich unter Umständen im nächsten Leben keine Höher-, sondern eine Tieferentwicklung.

Die Reinkarnation folgt nämlich streng dem Gesetz des Karma, dem Prinzip von Ursache und Wirkung: Die Summe meiner guten und meiner schlechten Taten in diesem Leben bestimmt darüber, ob ich im nächsten Leben als höheres oder aber als tieferes Wesen (vielleicht sogar als Tier) wiedergeboren werde. Und im jetzigen Leben muss ich das büssen und abarbeiten, was ich im vorangehenden Leben an schlechtem Karma angehäuft habe.

So besteht im Hinduismus und im Buddhismus die Sehnsucht und das Ziel des Lebens gerade darin, dass man nicht mehr wiedergeboren werden muss, dass man aus dem Kreislauf der dauernden Reinkarnationen ausbrechen kann und ins Nirwana, ins absolute Nichts eingehen darf. – Letztlich also auch eine eher pessimistische und hoffnungslose Antwort auf die Frage nach dem Tod und dem Danach.

Kommen wir noch zur dritten Antwort, die sich in Variationen in vielen Religionen und Kulturen findet, die auch die Antwort der Bibel und des christlichen Glaubens ist. Sie sagt: Mit dem Tod ist nicht alles aus und vorbei, sondern es geht weiter in einem neuen Leben. Dieses neue Leben ist aber nicht etwa ein weiteres Leben auf dieser Erde, sondern es ist eine andere Art von Leben, das in einer anderen Welt, in einer anderen Dimension stattfindet. So gibt es also durchaus nur dieses eine irdische Leben, aber dieses ist noch längst nicht alles. Der Tod ist nicht das Ende, sondern nur ein Durchgang in etwas

Neues; nachdem wir gestorben sind, werden wir wieder auferweckt werden, werden wir auferstehen zu einem neuen, zu einem ewigen Leben. – Das Apostolischen Glaubensbekenntnis, auf das meine Predigt ja abzielt, formuliert es kurz und bündig: *"Ich glaube an die Auferstehung der Toten und das ewige Leben."*

Im Text in 1. Korinther 15 versucht Paulus herauszuarbeiten, wie entscheidend wichtig diese Antwort, diese Überzeugung für unseren christlichen Glauben ist: *"Wenn Tote nicht auferweckt werden, dann ist auch Christus nicht auferweckt worden. Ist aber Christus nicht auferweckt worden, dann ist euer Glaube nichtig, dann seid ihr noch in euren Sünden."*

Unser Glaube steht also auf der Grundlage, dass Jesus Christus von den Toten wieder auferweckt wurde. Denn sonst wäre sein Tod am Kreuz sinnlos und wirkungslos gewesen. Erst dadurch, dass Gott den gekreuzigten Jesus wieder auferweckt hat, hat er bekräftigt, dass dieser Jesus nicht als Gotteslästerer und Verbrecher gestorben ist, sondern als das Lamm Gottes, das alle unsere Sünden getragen und gesühnt hat und uns das ewige Heil verschafft hat.

"Nun aber ist Christus von den Toten auferweckt worden", schreibt Paulus darum weiter. Und das bestätigt die Tatsache, dass es eine Auferstehung der Toten wirklich gibt, dass der Glaube an die Auferstehung und das ewige Leben nicht ein Hirngespinst, sondern die Wahrheit ist. Wir haben, im Glauben an Jesus Christus, den Auferstandenen, die Verheissung, dass auch wir nach dem Ende unseres irdischen Lebens von den Toten auferstehen werden und in ein neues, ewiges Leben eingehen dürfen, ein Leben, das wir uns zwar noch nicht wirklich vorstellen können, das aber sicher ein Leben in der Herrlichkeit Gottes sein wird. – *"Ich glaube an die Auferstehung der Toten und das ewige Leben."* Eine Antwort auf die Frage, was nach dem Tod kommt, die überzeugt und Sinn gibt; eine grossartige Botschaft angesichts von Sterben und Tod.

Doch auch diese Botschaft hat zwei Seiten. Es ist einerseits eine sehr ernste, ermahnende Botschaft: Wenn das Leben mit dem Tod nicht einfach aus und vorbei ist, sondern weitergeht, dann ist es nicht egal, wie wir leben und was wir aus unserem Leben machen. Zwar stehen wir nicht unter dem Gesetz des Karma wie im Hinduismus und Buddhismus, aber wir werden doch einmal

Rechenschaft ablegen müssen für das, was wir getan, gesagt und gedacht haben, für das, wie wir mit unserem Leben, das uns von Gott anvertraut wurde, umgegangen sind. Deshalb ist es wichtig, dass wir unser irdisches Leben verantwortungsbewusst gestalten und nach dem Willen Gottes auszurichten versuchen. Das sollen wir nicht auf die leichte Schulter nehmen.
Doch neben dieser ernsten Seite ist die Verheissung der Auferstehung und des ewigen Lebens auch eine sehr tröstliche und hoffnungsvolle Botschaft: Das Leben geht wirklich weiter, auch über das Sterben hinaus. Die Jahre hier auf Erden, die Zeitspanne zwischen Geburt und Tod ist noch längst nicht alles, ist noch längst nicht das ganze Leben. Gerade wenn wir vielleicht schwere Zeiten oder schwierige Situation durchmachen müssen, ist dies ein grosser Trost. Denn wir dürfen wissen: Im neuen, ewigen Leben wird all das, was uns jetzt noch Mühe macht und zusetzt, worunter wir leiden und was wir als schmerzliche Begrenzungen erfahren, all das wird aufgehoben und ausgelöscht sein. Mit dieser Hoffnung können wir getrost auch durch leidvolle Lebensphasen hindurchgehen.
Zudem werden wir frei gemacht vom Druck, von dem ich gesprochen haben, dass wir in diesem irdischen Leben unbedingt alles erfahren und uns angeeignet haben müssen, dass wir ja nichts verpassen dürfen. Wenn wir uns bewusst sind, dass das Leben weitergeht (wenn auch in einer anderen Welt), dann können wir gelassen sein, denn wir haben ja nicht nur dieses kurze Leben auf Erden, sondern noch eine ganze Ewigkeit vor uns. Wir dürfen darauf vertrauen, dass Gott alles Unvollkommene und Unfertige einmal vollenden wird.

"Ich glaube an die Auferstehung der Toten und das ewige Leben." Liebe Gemeinde, es ist gerade dieser Blick über den Tod hinaus, der unserem irdischen Leben vor dem Tod überhaupt einen Sinn gibt. Wenn es keine Auferstehung der Toten und kein ewiges Leben gäbe, dann wäre (wie Paulus sagte) unser Glaube nichtig, dann wäre auch unser Leben leer und sinnlos, geprägt von Druck, Angst und dem verzweifelten Versuch, alle Fehler selber wieder gutzumachen und abzuarbeiten.
Doch weil Jesus Christus vom Tod wieder auferstanden ist, hat unser Glaube eine feste und gute Grundlage. Er hat am Kreuz alle unsere Fehler und Sünden auf sich genommen und uns davon befreit; wir müssen es nicht mehr sel-

ber tun. Er ist wieder auferweckt worden und ist so der Herr über alles geworden. Und er hat den Tod überwunden und wird auch uns auferwecken zu einem neuen, ewigen Leben in der vollkommenen Gemeinschaft mit ihm und dem himmlischen Vater.

Das darf unsere Zuversicht sein; das soll unser Glaube sein. Daran wollen wir festhalten, nicht nur am heutigen Ewigkeitssonntag, sondern unser ganzes irdisches Leben lang. Durch Jesus Christus ist uns das Leben in Ewigkeit zugesagt.

A M E N

15. Amen – So ist es!

Predigt über 2. Korinther 1,20

(1. März 2009)

<u>Schriftlesung</u>: aus 1. Chronik 16

An jenem Tag liess David von Asaf und seinen Amtsbrüder zum ersten Mal diesen Lobpreis zur Ehre des Herrn vortragen:

"Dankt dem Herrn! Ruft seinen Namen an! Macht unter den Völkern seine Taten bekannt!
Singt ihm und spielt ihm, sinnt nach über all seine Wunder!
Rühmt euch seines heiligen Namens! Alle, die den Herrn suchen, sollen sich von Herzen freuen.
Fragt nach dem Herrn und seiner Macht, sucht sein Antlitz allezeit!
Er, der Herr, ist unser Gott. Seine Herrschaft umgreift die Erde.
Ewig denkt er an seinen Bund, an das Wort, das er gegeben hat für tausend Geschlechter.
Singt dem Herrn, alle Länder der Erde! Verkündet sein Heil von Tag zu Tag!
Erzählt bei den Völkern von seiner Herrlichkeit, bei allen Nationen von seinen Wundern!
Denn gross ist der Herr und hoch zu preisen, mehr zu fürchten als alle Götter.
Alle Götter der Heiden sind nichtig, der Herr aber hat den Himmel geschaffen.
Hoheit und Pracht sind vor seinem Angesicht, Macht und Glanz in seinem Heiligtum.
Danket dem Herrn, denn er ist gütig, denn seine Huld währt ewig.
Sagt: Hilf uns, du Gott unsres Heils! Wir wollen deinen heiligen Namen preisen, uns rühmen, weil wir dich loben dürfen.
Gepriesen sei der Herr, der Gott Israels, vom Anfang bis ans Ende der Zeiten."
Und das ganze Volk rief: "Amen", und: "Lob sei dem Herrn!"

Liebe Gemeinde.
"So sicher wie das Amen in der Kirche", dieser Ausspruch ist zu einem geflügelten Wort geworden. Manche kritischen Leute leben auch nach dem Motto: "Man soll nicht zu allem Ja und Amen sagen." Diese beiden Redewendungen zeigen, dass ein Begriff Eingang in die säkulare Welt gefunden hat, der eigentlich ausgesprochen kirchlich und religiös ist: der Begriff "Amen". – In der

Kirche brauchen wir dieses Wort ja sehr häufig: am Ende jedes Gebetes, als Abschluss des Apostolischen Glaubensbekenntnisses (darum predige ich ja heute darüber), auch an anderen Stellen im Lauf des Gottesdienstes verwende ich dieses Wort. Und in vielen Kirchen, die etwas weniger nüchtern und zurückhaltend sind als unsere gut schweizerische Landeskirche, hört man auch aus den Reihen der Gottesdienst-Teilnehmer immer wieder einmal ein kräftiges "Amen!"

Was bedeutet dieses Wort, das wir ja als fremdsprachiges in unseren Wortschatz übernommen haben? Es ist ein hebräisches Wort und heisst übersetzt: "So ist es!" Sprachlich hängt es im Hebräischen zusammen mit den Begriffen: "fest, zuverlässig sein", mit "Glaube", "Treue" und "Wahrheit". – So begann etwa Jesus, der ja Hebräisch sprach bzw. Aramäisch, das eine abgewandelte Form des Hebräischen darstellte, Jesus begann viele seiner Aussprüche mit der Wendung: *"Amen, amen, ich sage euch..."* (in unseren Bibeln oft übersetzt mit: *"Wahrlich, wahrlich ich sage euch..."*). Damit brachte er zum Ausdruck, dass das, was er sagen wollte, wahr und zuverlässig ist, dass es feststeht und gilt.

Und wenn Gott in Jesaja 65,16 der *"Gott des Amen"* genannt wird oder wenn in Offenbarung 3,14 der auferstandene und erhöhte Jesus Christus *"der Amen"* heisst, will das sagen, dass Gott und auch Jesus als Gottes Sohn die Treue und Zuverlässigkeit in Person ist. – Meist aber kommt das Wort in der Bibel in der Art vor, wie wir es in der Lesung gehört haben: Auf ein Gebet, Danklied oder Bekenntnis oder auch auf ein prophetisches Wort hin sagt das Volk oder ein Einzelner "Amen" und bekräftigt, bestätigt damit das zuvor Gesagte.

In diesem Sinn brauchen es ja auch wir in der Regel: Wir bestätigen und bekräftigen damit, was ein anderer gesagt hat; wir drücken aus, dass wir damit einverstanden sind und diese Aussagen unterstützen. Beim Apostolikum etwa macht das Amen am Schluss diesen Text überhaupt erst zum Bekenntnis, zu meinem Bekenntnis, indem ich ihm zustimme. – Oder wenn wir ein eigenes Gebet mit "Amen" abschliessen, dann sagen wir damit, dass wir das auch wirklich so meinen, dass es uns ernst ist mit dem, was wir gebetet haben.

Von daher ist es recht gefährlich, wenn dieses Wort manchmal nur noch zu einer Formel geworden ist, einer Leerformel, die gedankenlos oder rituell einfach an jedes Gebet angehängt wird. Wir sollten uns bewusst sein, zu was wir "Ja und Amen" sagen, was wir bekräftigen und bestätigen, mit was wir einverstanden sind und "So ist es!" dazu sagen. Es sollte uns nicht so gehen wie jenem Neuling, der in Korinth in einen Gottesdienst der christlichen Gemeinde kam und nichts damit anfangen konnte, weil alle in ihm unverständlichen geistlichen Sprachen redeten und er nichts verstand. Da musste Paulus nämlich die Gemeinde ermahnen: *"Denn wenn du den Lobpreis im Geist sprichst"* (also in einer Sprache des Geistes, die für den Verstand nicht verständlich ist), *"wie soll dann der, der als Fremder dazustösst, auf dein Dankgebet hin das Amen sprechen? Er versteht ja nicht, was du sagst"* [1. Korinther 14,16]. – Es ist also wichtig, dass wir verstehen können, was wir bekräftigen, und dass wir nicht gedankenlos oder nur als rituelle Floskel "Amen" sagen, sondern es ganz bewusst aussprechen.

Unser Amen hat nämlich eine Bedeutung von noch grösserer Tragweite, als einfach nur ein gesprochenes Gebet zu bestätigen. Ich möchte es zugespitzt so formulieren: Gott ist auf unser Amen angewiesen, sonst kann er nicht handeln oder ist zumindest stark eingeschränkt darin. – Um diese Aussage zu erklären, möchte ich den Vers aus dem 2. Korintherbrief aufnehmen, den ich am Anfang des Gottesdienstes zitiert habe, 2. Korinther 1,20: *"So viele Verheissungen Gottes es gibt, in Christus ist das Ja, daher durch ihn auch das Amen, Gott zur Ehre durch uns."*
Ich habe lange Zeit dieses Bibelwort nur oberflächlich angeschaut und so verstanden: In und durch Jesus Christus ist das Ja und das Amen zu allen Verheissungen Gottes; er ist die Bestätigung von Gottes Zusagen; durch ihn haben wir die Gewissheit, dass Gott in seinen Verheissungen nicht wankelmütig ist, mal Ja, mal Nein sagt, sondern dass seine Zusagen fest sind und unumstösslich gelten. Durch seinen Sohn Jesus Christus hat Gott "Ja und Amen – ja, so ist es!" gesagt.
Natürlich stimmt das alles. Aber wenn wir diesen Bibelvers genau lesen, kommt eben noch ein anderer wichtiger Aspekt zum Ausdruck. *"So viele Verheissungen Gottes es gibt, in Christus ist das Ja, daher durch ihn auch das Amen, Gott zur Ehre <u>durch uns</u>."* – Nicht nur durch Christus geschieht das Amen zu Gottes Verheissungen, sondern auch *"durch uns"*. Es braucht auch unsere Bestätigung, unser "So ist es!"

Gott hat uns ja sehr viele Verheissungen und Zusagen gegeben, vor allem allgemeine Verheissungen, die für alle seine Kinder gelten und die wir in der Bibel nachlesen können, aber unter Umständen auch spezielle Zusagen, bei denen wir gemerkt haben, dass sie ganz für uns persönlich gelten (diese können wir ebenfalls durch ein Bibelwort empfangen, aber auch durch ein sog. prophetisches Wort). – Was machen wir nun mit diesen Zusagen und Verheissungen Gottes? Wie gehen wir damit um?
"So viele Verheissungen Gottes es gibt, in Christus ist das Ja, daher durch ihn auch das Amen, Gott zur Ehre durch uns." Das bedeutet doch: Wir sollen diese Verheissungen aktiv annehmen und bekräftigen, wir sollen unser Einverständnis dazu geben. Erst dadurch kommen sie nämlich zur Wirkung. Was Gott vorhat und was er uns geben will, das steht zwar fest; es steht nicht unter einem Vorzeichen von "vielleicht" oder "eventuell". Immerhin hat Gott seinen Sohn dafür hingegeben und seine Verheissungen in Jesus Christus bestätigt. – Aber zur erfahrenen Realität in unserem Leben wird das Zugesagte erst, wenn auch wir "Ja" dazu sagen, "Amen – so ist es!"; wenn wir es bewusst in Anspruch nehmen. Es geschieht nicht einfach automatisch und ohne unser Zutun (natürlich gibt es immer Ausnahmen von dieser Regel, aber meist läuft es auf diese Weise).
Warum ist das so? Weil Gott uns Menschen zu seinem Ebenbild geschaffen hat. Und wie Gott durch sein Wort, durch sein Reden die Welt erschuf, so gab er auch unserem Reden eine grosse Kraft und Wirkmächtigkeit. Wenn wir etwas sagen, etwas aussprechen, geschieht wirklich etwas. Und wenn wir nichts sagen, geschieht eben nichts. – Ich denke, wir sind uns oft gar nicht so bewusst, welch ungeheure Kraft in unseren Worten steckt.
Indem nun Gott unserem Reden eine solche Wirkungsmacht gegeben hat, hat er sich selber ein Stück weit zurückgenommen und sich entschieden, in der Regel nicht einfach über unseren Kopf hinweg an uns und mit uns zu handeln. Sondern er wartet auf unser Ja dazu, auf unser Einverständnis. Erst durch unsere Bestätigung, durch unser Amen geben wir Gott die Gelegenheit, zu handeln und seine Verheissungen und guten Gaben in unserem Leben erfahrbare Realität werden zu lassen.

Liebe Gemeinde. Ich möchte Sie und mich ermutigen, dass wir dieses kleine Wörtlein "Amen" ganz ernst nehmen, dass wir uns bewusst sind, was darin

an Verantwortung und Kraft steckt, und dass wir es darum gezielt und mit grosser Zuversicht aussprechen. – Unser Gott ist ein wunderbarer Gott, der uns so viele und so grosse Zusagen gegeben hat, dass es sich wirklich lohnt, diese im Glauben und Vertrauen zu bekräftigen und zu empfangen. Gott ist gnädig und barmherzig, er ist mächtig und stark, er ist treu und verlässlich.
Und das ganze Volk spreche:

A M E N !

Printed by Books on Demand GmbH, Norderstedt / Germany